丛书编委会

主 任　刘继南

委 员（按姓氏笔画排列）
　　　　山红红　马延军　王迎军　王温凤
　　　　许学峰　李晓华　杨旭东　邹晓巧
　　　　闵惠泉　张李玺　张秀琴　陈乃芳
　　　　陈维嘉　郑晓静　秦　和　高晓虹

中外女性领导力研究丛书

二战后法国妇女参政问题研究

李洪峰等 著

中国传媒大学出版社
·北京·

总　序

吴启迪

本套丛书系教育部哲学社会科学研究重大攻关项目"高等教育大众化与媒介融合时代菁英女性培养与领导力提升研究"(项目号:15JZDW002)的成果。

20世纪90年代以来,国际社会呼吁性别议题和性别关切应该纳入社会发展主流,借此改变人类文明进程。1995年在北京举行的联合国第四届世界妇女大会上明确提出"社会性别主流化"的行动纲领。这一行动纲领具有长期的指导意义,是引领人类性别文明的"亚历山大灯塔"。"社会性别主流化"意味着:在社会实践或研究领域洞悉性别问题,作为原因、作为交织影响或作为结果;在法规政策制定和实施中确立性别支持框架,作为顶层设计、作为微观透视或作为合法性论证;在媒体呈现报道里规避性别污名化或复制性别歧视偏见,作为议程设置、作为新闻人价值立场或作为普遍的职业操守。社会性别主流化自然亟待全社会的努力,但是从吁求到行动,及至落地生根,都离不开菁英女性作为先行者的探索和开拓,作为"光源"的引导和辐射。菁英女性的培养和领导力提升,是性别平等事业新历史节点的关键所在。

高等教育大众化及至普及化时代,女性在各行各业的领导力呈现,成为性别平等的新表征。自2006年起,世界经济论坛每年发布《全球性别差距报告》,从经济机会、政治赋权、教育成就、健康和生存四个维度对全球不同国家的性别差距状况进行衡量。根据世界经济论坛最新发布的报告(2020),教育成就以及健康和生存两个子指数分别为96%和97%,基本实现了性别平等;经济机会、政治赋权两项指数分别为58%和25%,这说明女性经济参与与机会不充分,政治参与严重不足。历史地看,经济与政治指数仍然是历史进步和积极干预的结果,同时醒目的数据也让世人更直观地了解并审视"性别差距",严肃对待并改变造成性别差距的政策、环境和无形的惯习。

性别差距未被纳入视野,甚或性别平等尚未成为议题的漫长历史阶段,我们可以称之为领导力的性别缺失时代,不言自明,这时领导力等于男性领导力,概念内涵上领导力意味着单一性别即男性的领导本质和特征;这时无论是领导力的经验采撷还是理论探讨,都受制于单调而畸形的性别光谱。本套丛书既从理论上探索女性领导力的实质内涵和本质特征,发掘女性和领导力相遇的丰富思想空间,也关注菁英女性实践所焕发、闪烁的新领导力精神、新领导力文化,同时关切媒介环境变迁中女性活跃的生活世界、"她时代"的新气象和女性面临的新问题。此外还特别关注女性领导力生成机制和社会支持网络。研究表明,在侧重性别培养的教育机构中,性别赋权取得了更显著的成就,其思想火种也更可能随之传播出去,而女性继续教育亟待持续规划和系统政策支持。

性别问题在世界不同地方、不同领域呈现出各自的急迫和重点,有的在为性别机会均等努力,在漫长的学制中教育机会均等也呈现出差异图景;有的或重心落在性别平等在不同领域的差异上,如聚焦女性参政情况、学术领域的隐性性别歧视等;比较一致和普遍的关切是在整个职业生涯中女性发展有形的掣肘和无形的障碍,这方面的政策缺位格外突出。研究还关注国际组织的女性发展政策、欧洲女性参政的光谱,中国传媒领域菁英女性领导力、教育领域中女大学生的成长等问题。伴随新科技塑造的媒介环境,女性日常生活变迁和积极表现是世人瞩目的议题,因而也被纳入丛书研究的视野。

  本套丛书围绕菁英女性培养和女性领导力提升展开,但是需要申明的是,性别意识不仅仅是女性教育或女性领导力培养需要特别关注的。隐含或隐藏的性别偏见、性别歧视对两性都造成了困扰和伤害,即使是在充满男性优势地位的世界里,真正的性别及其人格担当并没有建立起来。男性、男孩的教育也应该贯穿于整个学制中,而现实往往是既缺乏女性教育,又缺少男性教育。教育是要构造未来世界的,性别意识、性别议题应该首先与教育制度、教育文化相融合。基于性别的自我理解、同情理解、相互理解之愿景和实践,将引领我们走向新世界和新文明。

目　录

导　言 ⋯⋯⋯⋯⋯⋯⋯⋯⋯⋯⋯⋯⋯⋯⋯⋯⋯⋯⋯⋯⋯⋯⋯⋯⋯⋯⋯⋯ 001

第一章　二战以来法国妇女参政基本状况 ⋯⋯⋯⋯⋯⋯⋯⋯⋯⋯⋯⋯ 009
第一节　第四共和国时期妇女参政的缓慢进展(1945—1958) ⋯⋯⋯⋯ 009
第二节　第五共和国时期妇女参政的进步 ⋯⋯⋯⋯⋯⋯⋯⋯⋯⋯⋯⋯ 025

第二章　法兰西第五共和国以来选举立法历程 ⋯⋯⋯⋯⋯⋯⋯⋯⋯⋯ 046
第一节　二战后法国选举方式的变化和发展 ⋯⋯⋯⋯⋯⋯⋯⋯⋯⋯⋯ 047
第二节　关于配额制的争论 ⋯⋯⋯⋯⋯⋯⋯⋯⋯⋯⋯⋯⋯⋯⋯⋯⋯⋯ 051
第三节　《男女竞选公职平等机会法》的推出和实施 ⋯⋯⋯⋯⋯⋯⋯ 059
第四节　《禁止议员兼任地方职务法案》在妇女参政中的作用 ⋯⋯⋯ 076
第五节　促进参政性别平等立法的专设机构及作用 ⋯⋯⋯⋯⋯⋯⋯⋯ 082

第三章　法国政党关于妇女参政的立场和相关机制 ·············· 087
　第一节　社会党 ·· 088
　第二节　欧洲生态—绿党 ······································ 103
　第三节　共和党 ·· 108
　第四节　国民阵线 ·· 116

第四章　法国女性主义组织与妇女参政 ························· 127
　第一节　法国促进妇女参政的女性主义组织的发展 ················ 128
　第二节　法国女性主义组织个案研究 ···························· 138
　第三节　促进妇女参政的女性主义组织的优势及短板 ·············· 152

结　语 ·· 160

附　录　法国部分女性政治人物小传 ···························· 166
参考文献 ·· 175
后　记 ·· 180

导　言

20世纪是妇女运动在世界范围内取得极大进展的时期，妇女的各项权利得到认可，在社会生活各领域中的地位逐步得到提升。其中，妇女参政权的获得与行使是一个十分重要的议题。联合国提出妇女在立法机构中和决策岗位上应占30%的比例，认为只有达到和超过这一比例，妇女才可以在国家决策中发挥实际的影响力。1995年，第四届世界妇女大会通过的《行动纲要》重申了这一目标。《行动纲要》指出："妇女平等参与政治生活，在提高妇女地位的整个进程中起着关键性作用。妇女平等参与决策，不仅是要求单纯的公平或民主，也是使妇女利益得到考虑的一项必要条件。如果各级决策进程没有妇女的积极参与并且没有吸纳妇女的观点，就不可能实现平等、发展与和平的目标。"

根据各国议会联盟2018年发布的报告《2017年议会中的妇女》显示，1995年至2018年期间，各大洲女议员数量和比例均实现了不同程度的提高，全球女议员比例平均增长了12.1%。然而，世界各国只有67个议会中的女议员比例超过了30%。因此，联合国的目标尚未全面实现，提高妇女参政水平仍然是未来一段时期内全球妇女性别平等事业的重要内容。法国学者马里耶特·

西诺(Mariette Sineau)曾指出,政治是一个比其他领域更固守男性特质的领域。① 在政治领域中实现性别平等,各国都还有很长的路要走。

通过对世界各国数据的对比可以看出,妇女参政水平并不一定与经济发展水平成正比。世界各国的政治氛围、经济发展水平、文化传统及其所经历的特定历史事件各有不同,因此各国妇女参政水平必然存在差异。个案研究的价值在于探讨不同政体形态下和不同经济发展层次上,妇女提高参政水平进程中存在的共性问题和特性问题,从而为各国互相借鉴提供依据和参考。

在对比观察发达国家妇女参政的历史和现状时,我们很容易注意到法国的特殊性。2006年,法国学者卡特琳·阿尚(Catherine Achin)和桑德里娜·勒韦克(Sandrine Lévêque)指出,有三大现象表明法国在性别与政治领域中的问题。② 首先,法国男性在1848年就获得了选举权,而法国妇女在1944年才获得选举权,远远落后于很多西方国家的妇女(新西兰妇女于1893年、芬兰妇女于1906年、俄罗斯妇女于1917年、英国与德国妇女于1918年、美国妇女于1920年获得选举权)。其次,20世纪后半叶,女性主义的视角和动机未能在法国政界得到普遍体现。最后,法国2000年通过《男女竞选公职平等机会法》,成为世界上第一个专门就政治领域性别均等问题进行立法的国家,然而这并没有迅速改变法国国民议会女议员比例一直偏低的状态。所以,法国女性主义者在进行比较研究时,曾一度使用"特殊法国"(exception française)一词来彰显法国与其他欧洲国家的差距。

在联合国《2015年人类发展报告》中可以看到,2014年,法国的性别不平等指数(GII)排名世界第13位,仅次于芬兰、瑞士、挪威、德国等国,算得上名列前茅。但根据2016年各国议会联盟发布的数据,2015年法国国民议会女议员比例为26.2%,尚未达到30%这一临界点,世界排名第58位。2017年,法

---

① SINEAU M.Des femmes en politique[M].Paris:Economica,1988:2.
② ACHIN C,LÉVÊQUE S.Femmes en politique[M].Paris:La Découverte,2006:17.

国国民议会选举后,女议员比例第一次超过临界点,达39.2%。所以,总体来看,政治参与平等同就业及薪酬平等等其他指标一样,仍是目前法国妇女在职业发展中有待提升的指标。

从历史的角度看,"特殊法国"现象可以从多个方面进行分析。法国的宗教传统和哲学传统一定程度上束缚了妇女的发展。法国是传统的天主教国家,妇女角色往往被定位成"生育者"和"抚育者"。相比于新教,天主教在女权方面显得更为保守和传统。法国文艺复兴时期关于个人权利的讨论中,男性的形象与理性、意识、对世界的认知以及政治责任联系在一起,而妇女则被赋予顺从、依附的特质。在启蒙时代一些重要人物当中,如卢梭等,这种思想也十分流行。1789年的《人权和公民权宣言》并没有使法国妇女在赋权方面走得比其他国家更快。虽然妇女积极参与了法国大革命,革命过程中也有妇女赋权的呼声,但是妇女并未借此机会获得政治权利。由于《人权和公民权宣言》的颁布,法国公民的自我意识空前觉醒,人民在国家中的主体地位空前提高。该宣言对法国乃至世界的历史发展都产生了巨大影响,然而在当时只有极小部分富裕阶层的妇女可以拥有一定的代表权。1793年的法国宪法(后未实施)仅赋予了男性选举权,1804年的《拿破仑法典》更是限制了妇女的公民权利,使之成为男性的附属品。法国1848年革命中,妇女的参与亦不可忽视,但当年法国男性获得了选举权,妇女却未被赋予更高的法律地位,公民社会权利和政治权利的分离更加深了男女之间的不平等。直到1919年,法国议会才第一次出现关于妇女选举权的法律提案。该提案在国民议会上通过,但在1936年之前,参议院曾多次否决该提案,信仰天主教的议员和极右派是最主要的反对力量。二战结束之后,法国社会关于妇女参政的认知才发生比较大的变化。

从法国妇女运动发展的历史看,19世纪,法国妇女曾经参与巴黎公社运动和1848年革命,但其贡献未能够得到足够认可,妇女自身对政治权利的诉求实际上也没有得到明确。1848年革命时期,女性声音的表达曾达到了一个高潮,欧也妮·尼布瓦耶(Eugénie Niboyet)创办了《妇女的声音》(*La Voix des Femmes*),德西蕾·盖伊(Désirée Gay,1810—1891)创办了《妇女政治》(*La Politique des Femmes*),让娜·迪鲁安(Jeanne Deroin,1805—1894)创办了《妇女观点》(*L'Opinion des Femmes*)。这些女性主义报纸的出现既引发了关注,也招致了怀疑和反对。这一时期妇女的主要诉求集中在工作权利的获得上。1848年革命之后,法国妇女的受教育权逐渐得到重视和落实,她们越来越多地进入高等院校,这为其参与社会活动的能力的提高逐步奠定了基础;同时,她们在社会事务中表现出来的能力渐渐得到政府与社会各界的认可,进一步为其参与政治生活提供了条件。1881年,于贝蒂娜·奥克莱尔(Hubertine Auclert,1948—1914)创办的《女公民报》(*La Citoyenne*)发出呼吁:妇女应享有政治权利。1908年,玛德莱娜·佩尔提耶(Madeleine Pelletier,1874—1939)提出,只有当妇女有了选举权,选举中的候选人们才会删除其纲领中贬低妇女的内容,强调妇女参政权利的重要性。[1] 1914年,法国发生了要求得到选举权的妇女游行。二战前,法国妇女已经有入阁的个案,但并未形成较大的气候,选举权和被选举权仍然由男性独享。1936年,伊雷娜·约利奥-居里(Irène Juliot-Curie,1897—1956)[2]、苏珊·拉科尔(Susanne Lacore,1875—1975)[3]和塞西尔·布伦维克(Cécile Brunswig,1877—1946)[4]曾在莱昂·布鲁姆(Léon Bloum)的政府中担任副国务秘书,任期皆十分短暂。在这一历史时期,妇女运动发展迅速,其政治诉求有所加强,但我们也可以看到,二战前以妇女获得选举权和被选举权为主要口号与纲领的女性主义组织只占很小的

---

[1] ACHIN C,LÉVÊQUE S.Femmes en politique[M].Paris:La Découverte,2006:38.
[2] 伊雷娜·约利奥-居里,著名科学家居里夫人和皮埃尔·居里的长女,物理学家,与丈夫弗雷德里克·约利奥-居里因人工放射性的研究而共同获得1935年诺贝尔化学奖。
[3] 苏珊·拉科尔是工人国际法国支部的成员。
[4] 塞西尔·布伦维克是一位女性主义者,是法国女性主义组织——法国妇女委员会(CNFF)的成员,积极支持妇女参与选举。

比例。

  本书所研究的历史阶段是二战结束至 2017 年。在这一时期,妇女参政逐渐成为全球妇女运动、各国政府和联合国促进性别平等的一个重要议题。二战后到 20 世纪 70 年代,法国妇女参政权的行使并没有从深度和广度上提升妇女参政水平。1978 年,法国社会党内的弗朗索瓦丝·加斯帕尔(Françoise Gaspard,1945—)等人提出,在进行欧洲议员选举时,候选人中应该有等量的男女党员。20 世纪 80 年代,法国民间组织"彩虹"运动(法国绿党的前身)重提候选人性别比例问题,随后在组织内部着手落实性别平等原则。同一时期,欧洲其他国家,如德国,也出现了类似的举措。1993 年,法国成立了"追求妇女参政均等网络"(Femme pour la Parité)。同年 11 月 10 日,《577 人平等民主宣言》①提出要努力实现立法和行政机构内性别比例的平衡。2000 年通过的《男女竞选公职平等机会法》切实提高了法国政治生活中妇女的话语权和影响力,但"透明天花板"仍然广泛存在于政治生活之中,束缚着妇女参政的规模和影响力。

  本书希望通过梳理二战后妇女参政历史及其影响因素,较为完整地呈现出法国的经验和教训,探讨发达国家存在的妇女参政瓶颈问题,并从中汲取有助于妇女提高参政能力及参政水平的启示和具体举措。

  本书所依托的主要文献包括:法国国民议会和参议院关于妇女参政的报告与数据统计,法国学者和美国学者关于法国妇女参政问题的研究成果,法国女性主义组织的研究报告,法国国家统计和研究署(INSEE)的统计数据及法国各大性别平等促进机构的研究报告等。

  本书研究的框架如下:

  第一章将对二战后法国在妇女参政领域中取得的进展进行综述与分析。

---

① 577 为法国国民议会席位数,具体情况见第一章中相关内容。

法国妇女在二战后获得了选举权和被选举权，但第四共和国时期，政府换届频繁，政党关系纷杂，战后经济重建又是政府主要的关注点，导致妇女参政问题处于停滞状态。第五共和国成立之后，1958—1981年期间，右派执政，在推动妇女参政方面表现得相对消极。1981年，左派上台，密特朗政府旗帜鲜明地推动妇女进入内阁，埃迪特·克勒松（Edith Cresson）成为法国历史上唯一一位女总理。20世纪90年代，左派对于推动妇女参政的贡献非常突出。在希拉克(右派政党保卫共和联盟)与若斯潘(左派社会党)左右共治①时期，左派推动议会通过了《男女竞选公职平等机会法》，其后数年在市镇等层级将女议员比例提升到接近50%。2012年，社会党奥朗德政府成立了男女比例平衡的内阁。这一比例在2017年马克龙当选总统并组阁后得到了保持。该部分的分析包括在法国不同级别议会的选举(国民议会、参议院、大区议会、省议会、市镇议会)中妇女比例的变化，以及女部长比例变化情况等，同时也将结合不同时期的社会发展状况，探讨政界妇女在参与竞选和晋升中所处的社会条件与氛围。

　　第二章将研究第五共和国妇女参政的法律保障和机制保障。法律保障是法国妇女参政能够在较短时期内取得明显进步的重要原因。为了提高妇女的政治地位和参与程度，必须保障其可以利用的资源和条件，而这些资源和条件需要用法律法规的形式体现出来。除了最高法律——宪法以外，与妇女参政有最直接关联的就是《选举法》《男女竞选公职平等机会法》和《禁止议员兼任地方职务法案》。《男女竞选公职平等机会法》的实施已经超过15个年头，但其功过之争至今未平，法国政党人士、学术界人士和女性主义团体都对其有不同的观点。本书将通过梳理各方观点，力图客观评价该法对于推动妇女参政所发挥的实际作用。

----

① 左右共治是法国政体中的特殊现象，即总统和总理分属两个不同党派，总统所属的党派未能在议会占据多数，所以总统必须任命议会多数党的领导人为总理进行组阁。

第三章将研究法国主要政党在促进性别平等观念和机制方面所采取的政策及措施，以及女党员领导力培养的机制及其具体举措。在西方民主制度当中，政党是实施性别平等原则的最重要主体，妇女通常需要通过参与政党活动，才能进入各级议会和政府。各国议会联盟的报告一再强调，政党必须提出足够的女性候选人才能够保障议会中妇女代表的比例。除了在党的纲领中彰显性别平等的左派社会党和绿党等，其他党派也有一些特色举措，包括女党员的吸纳和培训等，甚至从方便女党员平衡家庭与事业的需求出发，推出了调整党内会议时间的一些细节性措施。然而，无论是各党派领导机构中的妇女比例，还是各党在参加选举时提出的女性候选人比例，都不同程度地表现出性别平等原则实施时所遇到的实际困难。此外，女党员的领导力提高也仍是一个有待研究的课题。

此处需要说明的是，这个章节选取了部分政党作为案例观察，将主要分析政党领导人物的作用、政党现行党章和内部章程中的相关规定、政党最新的内部领导机构中的妇女比例和任职情况，以及促进妇女参政的措施等。第一章历史综述中涉及政党的内容主要与法国妇女参政的进展相关。

第四章将探讨法国女性主义组织在妇女参政中发挥的积极作用。在性别平等意识提升、向政党和政府施加影响、采取具体行动提高妇女参政能力方面，法国女性主义组织的角色比较突出。除了展现法国女性主义组织在该领域中的诉求及其相关努力，本章将围绕个案来展现法国女性主义组织在提高妇女参政意识和领导能力等方面所发挥的作用。

作为欧盟的核心成员国，法国对欧洲层面上的妇女参政的发展亦有所贡献，而欧盟层面所制定的政策以及欧洲社会的大环境也会反作用于法国。欧盟政策对于法国妇女参政的推动作用将在各章节中得到体现，本书中未单独成章进行阐述。

从法国经验和教训中可以观察到妇女参政问题上各行为主体的地位及其

作用,包括国家立法机构、政府、政党、女性主义组织、领导人物、妇女政治人物、女党员等。它/他们未来将继续互相牵制、互相促进,如果能够进一步形成合力,将可以促进法国妇女参政水平的提高,提升法国妇女的社会经济文化地位。

本书引用的数据截止到 2018 年 12 月 31 日。

第一章
二战以来法国妇女参政基本状况

1944年,法国妇女获得了与男性相同的选举权和被选举权,这为其在20世纪后半叶逐步登上政治舞台并走向舞台的显著位置提供了法律依托。然而,这并不意味着法国妇女的政治参与得到了迅速推进。由于二战后法国百废待兴等种种历史因素的制约,加上第四共和国到第五共和国的政权更替,法国妇女参政在比较长的时期内基本处于缓慢发展甚至停滞的状态。随着第五共和国的成立和法国战后的经济复兴及社会发展,教育平等和就业平等取得进步,民众性别意识得到提升。在这一系列有利条件的作用下,妇女参政在20世纪90年代终于真正成为一个重要的政治议题并在法律层面得到明确保障。

第一节 第四共和国时期妇女参政的缓慢进展(1945—1958)

第四共和国和第五共和国初期,法国妇女获得选举权和被选举权,并进入议会和政府,在很大程度上体现了法国政界对妇女在二战中所做贡献的认可和回报。二战期间,为反对德国纳粹对法国的占领以及维希政权的傀儡统治,法国境内出现了许多抵抗组织,它们或是以游击战的形式进行战斗,或是秘密进行情报传递和抵抗宣传活动,这一系列活动史称法国抵抗运动。这些组织中有不少妇女的身影。同时,广大法国妇女在战时从事生产活动,做出了巨大的经济贡献。她们对于法国抵抗运动的持续乃至二战的胜利功不可没,这是法国妇女在二战结束时获得选举权和被选举权的重要历史背景。抵抗运动的领导者们在二战中就表示要争取妇女的选举权。1944年8月,自由法国运动领导人戴高乐率部解放巴黎。随后,戴高乐改组了法兰西共和国临时政府。而在此之前,戴高乐就已经签署了赋予法国妇女选举权的法令。同年10月,临时政府通过该法令,法国妇女的选举权和被选举权得以确认。

一、法国妇女初登政治舞台

1946年,法兰西第四共和国成立,建立了新的民主制度,妇女的公民地位得到了明文保障。性别平等原则随之被纳入1946年的第四共和国宪法。该宪法的前言阐述了法兰西共和国所遵循的政治、经济和社会原则,第一条内容便是"法律保障妇女在一切领域中享有与男性同等的权利"。应该说这是法国妇女争取性别平等进程中在法律方面一个突破性的进步。女性在议会政府中拥有了自己的席位,虽然数量仍极为有限。

(一)妇女在第四共和国议会中的参与

1945年4月的市镇选举是法国妇女获得选举权与被选举权后第一次参加的选举。同年10月的全国选举中,33位妇女被选为制宪议会(Assemblée constituante)议员,制宪议会共有议员586名,女议员占比约5.6%。[1] 1946年6月的第二次制宪议会选举中,有30名女性当选。随后,制宪会议提出的宪

---

[1] Assemblée nationale de France. Les femmes élues députées depuis 1945 [EB/OL]. (2017-01-15) [2018-02-11]. http://www.assemblee-nationale.fr/elections/femmes-deputees.asp. 本章下文中关于国民议会女议员数据,如非单独说明,均出自该份文件。

法草案于 10 月公投通过,并于当月 27 日实施,宣告了第四共和国的成立。第四共和国宪法规定,法国的政治体制为多党议会制。议会由国民议会和参议院两院组成。国民议会掌握实权,总统权限则极为有限。

第四共和国时期,法国妇女根据法律可以行使选举权和被选举权、参加各级选举,并在议会和政府中获得席位或职务。然而,这个时期党派争斗严重,国民议会没有能够占据多数地位的政党,导致内阁更迭频繁;同时,政府的工作重点是重振被二战击垮的法国经济。无论是从党派发展的角度看,还是从政府工作的角度看,此时尚未形成有利于性别政策举措推出和实施的良好条件。

1946 年 11 月举行的第四共和国国民议会选举中,共有 328 名女性候选人参加选举,占候选人总数的 13.6%,而男性候选人是女性候选人的 7 倍。① 与男性候选人相比,女性候选人一般参政经验不足,尤其缺乏基层的经验。最终当选的 619 名国民议会议员中有 42 名妇女,约占 6.8%。此外,第四共和国时期还出现了历史上第一位女性国民议会副议长——曾经参加过抵抗运动并担任过地区领导人的玛德莱娜·布朗(Madeleine Braun,1907—1980)②。此后,在分别于 1951 年和 1956 年进行的两次国民议会选举中,女议员比例有明显下降(见表 1-1)。

成立于 1946 年 12 月 21 日的共和国参议院(Conseil de la République,第五共和国时期改称"参议院")中,共有 314 名议员,其中有 21 名为女性,占 6.7%。③ 这些女性大部分都曾因自身在抵抗运动中的贡献而被授勋,有些人还曾因在战争中参加抵抗活动遭到关押。吉尔贝特-皮埃尔·布罗索莱特(Gil-

---

① Haut conseil à l'égalité entre les femmes et les hommes. Le'gislatives 2012 objectif: Parite' des élues [EB/OL]. (2011-05-18) [2017-02-07]. http://www.haut-conseil-egalite.gouv.fr/IMG/pdf/Rapport_Legislatives_2012_Janvier_2011.pdf.
② 玛德莱娜·布朗为法国共产党党员,曾在巴黎就读法律专业,在抵抗运动中负责进步刊物的发行。
③ 参见法国参议院官网:https://www.senat.fr/evenement/archives/D25/pionn.html。

berte-Pierre Brossolette,1905—2004)是第一位成为参议院副议长的妇女。和玛德莱娜·布朗一样,吉尔贝特-皮埃尔·布罗索莱特在二战期间积极参加抵抗运动,为保障抵抗组织与位于伦敦的自由法国领导人之间的联系做出了杰出贡献,并因此获得抵抗运动勋章,在政界享有比较高的威望。她以 213 票当选参议院副议长,影响力可见一斑。

表 1-1　二战结束后制宪会议及第四共和国中国民议会女议员数量

历史时期	议会	选举时间	女议员人数	议员总数	女议员比例（%）
战后临时政府时期	第一届制宪议会	1945 年 10 月	33	586	5.6
	第二届制宪议会	1946 年 6 月	30	586	5.1
第四共和国时期	第一届议会	1946 年 11 月	42	619	6.8
	第二届议会	1951 年 6 月	22	627	3.5
	第三届议会	1956 年 1 月	19	627	3.0

这一时期,女议员们提出了一些惠及家庭和职业妇女的政策措施,回应了一些女选民在生育和就业等方面的诉求,对于妇女进一步参与战后法国的发展起到了一定的促进作用。

(二)第四共和国历届内阁中的女性参与

1946—1958 年整个第四共和国时期,仅有 3 名妇女得到任命进入内阁。1946 年 6 月,安德烈·维耶诺(Andrée Viénot,1901—1976)被乔治·皮杜(Georges Bidault)政府任命为青年与体育事务副国务秘书,成为第一位进入第四共和国政府的妇女。1947 年,罗伯特·舒曼(Robert Schuman)政府任命日耳曼娜·普安索-沙皮伊(Germaine Poinso-Chapuis,1901—1981)担任卫生部长,她是三位入阁妇女中唯一担任部长职务者。第三位是莫里斯·布尔热-莫努里(Maurice Bourgès-Maunoury)政府任命的雅克琳娜·托梅-帕特诺特尔(Jacqueline Thomé-Patenôtre,1906—1995),任住房事务副国务秘书。

这三位妇女的从政道路各有特色,但又可以体现出这一时期妇女进入政府和议会路径的共同点。

安德烈·维耶诺出生于卢森堡。她的父亲是一位有名的商人及实业家,母亲则是卢森堡红十字会的创始人。维耶诺从小接受了非常现代的教育,于1923年在伦敦政治经济学院获得政治经济学学士学位。在英国读书时,维耶诺开始频繁与左翼人士接触,1929年与左派政治家皮埃尔·维耶诺(Pierre Viénot)①结为夫妇。安德烈·维耶诺于1932年加入了工人国际法国支部(SFIO),即后来的社会党,在党内一直扮演着积极的角色。1944年,在丈夫去世后,她被任命为社会党巴黎临时协商会议(Assemblée consultative provisoire)的代表,并于同年9月被任命为法国解放运动巴黎大区委员会代表,随后成为战后临时政府中唯一的女性内阁成员,出任负责青年与体育事务的副国务秘书。在第四共和国及第五共和国时期,维耶诺一直活跃于法国政坛。

日耳曼娜·普安索-沙皮伊出生于马赛。她早年曾获得罗马法博士学位,并成为马赛市第一位女律师。20世纪30年代,她曾作为妇女参政运动的积极分子、法国人民民主党的早期党员,为争取妇女权益、提高妇女政治地位做出了很多努力。20世纪40年代,一些非法国共产党背景的抵抗运动政治家和知识分子在人民民主党以及工人国际法国支部的基础上建立了人民共和党。日耳曼娜·普安索-沙皮伊也成为该运动的成员,并且作为该党议员于1945年进入议会。出任议员期间,她继续为争取妇女权益不懈努力。1947年,时任总理罗伯特·舒曼(Robert Schumann)任命她为卫生部长。日耳曼娜·普安索-沙皮伊是第一位拥有部长头衔的法国妇女,在她卸任30多年后,法国才

---

① 皮埃尔·维耶诺,法国左派政治家,社会党人,二战期间曾参加抵抗运动。

出现了第二位女部长。

  前两位女政治家都在第四共和国初期就进入政府出任要职,而雅克琳娜·托梅-帕特诺特尔则是在第四共和国后期进入政界的。她出生于一个富有的资产阶级家庭,母亲和法国当时的文化界人士交往甚密,幼年的雅克琳娜·托梅-帕特诺特尔受到了良好的文化熏陶。1925 年,她同出身于外交官以及传媒大亨家庭的雷蒙·帕特诺特尔(Raymond Patenôtre)[①]结为夫妇,二人之后育有两子,但二人在二战期间离婚。步入政坛之前,她一直都作为传统的妻子积极支持着丈夫的政治事业。她在 20 世纪 20 年代时还曾经反对妇女使用避孕措施,认为生育是妇女不可推卸的责任。在支持丈夫并逐渐活动于政坛的过程中,她的思想也发生了变化,认识到妇女也可以发挥积极的作用。由于在二战期间积累了政治资本,雅克琳娜·托梅-帕特诺特尔在第四共和国的市镇选举中一路获胜,当选为参议院议员。1947 年,她当选朗布耶市(Rambouillet)市长,并连续六次当选,任职至 1983 年。1957 年,她出任莫里斯·布尔热-莫努里政府的住房事务副国务秘书一职。此外,她还担任过女性主义组织——共和妇女联合会的主席,致力于妇女地位及其社会参与度的提高。

  从这三位女性政治人物的发展路径可以看出当时法国妇女从政的一些共同特点:出身于较高的社会阶层、接受过良好的教育、受到家庭或配偶政治生活的影响、通过政党平台并依靠自身努力积累了一定的政治资本。应该说,第四共和国时期妇女进入议会和政府具有非常特殊的时代特征,妇女大量进入公共生活领域的时代尚未到来。此外,这一时期妇女刚刚进入政界,社会舆论、政界氛围都缺乏相应的关注度,对于妇女的参政能力也存在非常多的质疑。

---

① 雷蒙·巴特诺特,1932 至 1933 年间出任法国经济部部长。

二、法国共产党对妇女参政进程的贡献

第四共和国时期,相较右翼,左翼政党更重视妇女参政的倾向已经十分明显,这与左翼的政治主张密切相关。当时走中间路线的人民共和党和左翼的法国共产党都是比较关注妇女社会角色及政治作用的政党组织,在吸引女性选民上都做出了很大的努力。后者吸纳了较多有能力成为候选人的女党员,因此女性参选率更高。人民共和党中的女候选人人数不多,其天主教背景更为浓厚,往往较为重视妇女在家庭中的作用,其主张得到了戴高乐等右派人士的支持。日耳曼娜·普安索-沙皮伊正是出自该党。比起法国共产党,人民共和党因其遵循法国文化宗教传统的特点,吸引了更多的女性选民。

法国共产党是更为旗帜鲜明地呼吁尊重妇女权利的政党。1944年签署赋予妇女选举权和被选举权法案的是戴高乐,但是该法案的提出者实际上是法国共产党党员费尔南·格勒尼耶(Fernand Grenier)。他曾经是法国共产党派驻伦敦的代表,也加入了戴高乐在阿尔及尔成立的临时政府。草案最初仅提出赋予妇女选举权,而他提议在其中增加被选举权,进一步为妇女参政铺平了法律道路。

法国共产党同时也是第四共和国时期在推动妇女参政方面成绩最为突出的政党,拥有人数最多的女性候选人。在1946年进入国民议会的43名女议员中,有共产党党员30人、人民共和党党员10人、国际工人联盟法国分部党员3人。① 1946年共和国参议院的19名女议员中,有10名都是共产党员。② 这一成绩与共产党的持续努力分不开,早在二战期间,法国共产党就致力于推

---

① Assemblée nationale de France.Le Gouvernement provisoire et la Quatrième République (1944-1958)[EB/OL].(2017-02-15)[2018-03-11].http://www2.assemblee-nationale.fr/decouvrir-l-assemblee/histoire/histoire-de-l-assemblee-nationale/le-gouvernement-provisoire-et-la-quatrieme-republique-1944-1958#1leg.
② Sénat de France. Les femmes sénateurs[EB/OL].(2017-02-15)[2018-03-11]. http://www.senat.fr/evenement/archives/D25/grp.html.

动女性主义组织的发展。共产党支持打造充满英雄主义色彩的勇敢母亲形象,其宣传的妇女形象往往与家庭以外的世界相联系,不被局限在家庭角色之内。在马克思、恩格斯以及列宁等人思想的影响下,法国共产党认为妇女遭受着资本主义和男权社会的双重压迫,当时的生产和生育制度都在剥削着妇女,因此,必须要打破原有的社会性别分工才能让妇女获得真正的解放,获得与男性平等参与社会公共领域活动的权利。

在这些思想的指导下,法国共产党在二战期间就在党内设立了妇女部,并制定了男女同工同酬的条例,兴建托儿所帮助育有子女的女职工,以便将妇女从家务劳动中解放出来。1944年,法国共产党推动建立了法国妇女联盟,目的是团结党外的妇女。该联盟的成员数量在第四次共和国成立后增长很快。法国共产党将相当数量的妇女列入选举候选人的名单,并且帮助她们可以真正当选。

在法国共产党内部有很多积极推动妇女获得经济和政治地位平等的女党员,其中的代表人物有玛丽-克洛德·瓦扬-库蒂里耶(Marie-Claude Vaillant-Couturier,1912—1996)和让内特·维美徐(Jeannette Vermeersch,1910—2001)。

玛丽-克洛德·瓦扬-库蒂里耶曾参加抵抗运动,被维希政府的警察逮捕并投入奥斯维辛集中营。1944年,她被转入拉文斯布吕克集中营。由于会说德语,她被安排在集中营的医务室工作,在1945年被苏联红军解救。战后,她回到法国,致力于将战争中的伤病员运送回国的事业。她两次被选入制宪议会,两次作为共产党代表当选为国民议会议员,并且两次被选为国民议会的副议长。

让内特·维美徐出生于一个贫苦的工人家庭,10岁便开始工作养活自己,17岁开始活跃于工会中,并且开始对共产主义思想产生兴趣。随后她在自己的居住地建立了共产主义青年团支部,并一直活跃在党内。1945年,她当选为制宪议会成员,之后多次连任国民议会和参议院代表。

整个第四共和国时期,在国民议会和参议院中,共产党的女议员都占了相当高的比例。毫无疑问,这一时期,法国共产党不论在鼓励妇女参与政治方面,还是在为妇女争取更多的议会席位方面都做出了切实的贡献。

事实上,直到20世纪70年代末,法国共产党在妇女参政方面仍然有十分显著的地位。1978年当选的7名女参议员中有4名是共产党成员;国民议会选出的20名女议员中有13名是法国共产党党员。在人口超过30,000人的城市中,共产党市镇议员中的女性比例也高于其他党派。而且,当时法国大城市的女市长绝大部分也都是法国共产党党员。20世纪80年代社会党上台后,推行性别平等政策,加上绿党在性别平等方面旗帜鲜明、措施得力,法国共产党的领先地位才被取代。

三、第四共和国时期制约妇女参政的主要因素

妇女参政状况在第四共和国初期有了短暂的起色后便开始逐渐进入低谷。1948年年底,共和国参议院更换了一半的议员,仅剩13名女参议员,之后两次又分别减少至9名和8名。国民议会中,女议员人数同样大幅减少。一些女议员因为不被重视,对政界感到失望而放弃从政;另一些则因感到在任期内无法平衡工作和家庭而退出政治生活。

这一时期束缚妇女参政的因素主要表现在以下几个方面。

(一)二战后法国政局不稳

第四共和国的成立并没有立刻给法国带来稳定的政局。这一时期,法国首先要应对前殖民地风起云涌的民族解放运动。1946年12月,越南战争爆发,直到1954年,法国才从越南的泥潭中抽身出来。同年11月,阿尔及利亚战争爆发,并一直持续到1962年。阿尔及利亚战争使法国社会发生了严重的意见分歧,这也是1958年第四共和国终结、戴高乐回归政坛的重要因素之一。在国际舞台上,随着1947年美国总统杜鲁门国情咨文的问世,冷战开始,世界

划分为两个阵营。在这种国际大政治环境中,妇女政治地位这一议题在法国难以得到足够关注,基本无法进入各大政党的路线和纲领。各党派不再像二战刚刚结束时那样积极地吸收女党员,也无法顾及制定吸引女性选民的政策,而是需要应对国内国外的双重挑战。

法国共产党首先受到冷战的冲击。1947年,法国共产党被排挤出政府后,法国选举体制做了调整,进一步削弱了共产党在议会中的力量。同年,戴高乐建立法国人民联盟,也在一定程度上削弱了比较重视妇女政治作用的人民共和党的影响力,吸引了相当数量的右派选民。尽管法国人民联盟也想努力获得更多妇女选举人的支持,但却没有像人民共和运动那样发展女性候选人,而且也没有在党内成立妇女组织,未从机制上建设推动妇女参政。

所以,共产党和人民共和党这两大党派影响力迅速下滑,法国政坛暂时未能出现旗帜鲜明地推行性别平等和妇女参政的大党派,这不仅影响了妇女参政规模的发展、影响了女党员的能力建设,也影响了公众对于妇女参政问题的意识和关注程度。

(二)二战后法国经济形势下"妇女回家论"的兴起

二战后,在很多欧洲国家都兴起了"妇女回家论",国家政策和社会舆论都开始鼓励妇女回归家庭,重新承担起她们作为妻子和母亲的"天职"。二战期间,妇女积极参与到各行各业当中,填补了男性因参战而留下的岗位空缺,为战争的胜利以及战时的生产生活做出了巨大的贡献。然而,战争结束后,男性重新回到自己战前的工作岗位上,国家也开始着手进行社会重建,促进经济发展,还采取了鼓励生育的政策,这就造成了妇女回归家庭、远离公共和政治事务的局面,并使得妇女重新成为劳动力市场上以及公共领域中不受欢迎的群体。

二战严重破坏了法国经济和社会的发展。法国在二战期间的伤亡人数约为60万人,包括军人和平民。全国各地的基础设施也在战争期间遭到不同程度的损坏,许多铁路、港口、桥梁以及公路都在战争中被毁坏。能源短缺的问题也十分严重,1944—1945年的冬天,几乎整个巴黎都处于完全没有燃料供应的状态。1945—1946年,初生婴儿死亡率骤增,甚至高于德国占领时期。所以,战后政府的首要任务就是恢复经济、增加人口,因此开始强调妇女在家庭中的责任。国家不再像战时那样鼓励妇女走入社会公共领域,参与生产劳动,而是将家庭主妇和母亲看作妇女理所应当要接受的全职工作。国家还将家庭主妇这个"职业"宣传得比其他职业更加"崇高",因为妇女是出于"爱"才从事这个"职业",并且不求回报。而"爱"与"奉献"正是妇女的"天性"。妇女操持家务的能力还被认为对其丈夫的职业生涯有重要影响:那些贤妻良母的丈夫们在职场上被认为更加可靠,并且更加有工作效率。

在当时的舆论中,"家庭"被塑造成一个充满和谐与稳定、远离现实困扰的"天堂",而不是维持生计的战场,这种和谐与稳定则应该由家庭中的妇女提供。"和谐"的家庭通常被认为是夫唱妇随的,即妻子要顺从于丈夫的要求和决定。妇女还经常得到此类提醒:如果她们不是"优秀的"家庭主妇、如果她们没有很好地完成作为妻子和母亲的"职责",就会被丈夫抛弃,并且要为自己的"失职"承担责任。1946—1947年间曾担任公共卫生与人口部部长的罗贝尔·普里让(Robert Prigent)曾说,妇女真正的成就感应该来自她们在家庭生活中履行自己作为妇女的"天职"。舆论将家庭主妇塑造成一种新的、现代的"职业",许多流行杂志也开始一再强调妇女的家庭角色。例如,创办于1945年的法国女性杂志《她》(*Elle*)曾致力于指导妇女管理家务。

这种价值观也进入了学校的课程体系——学校开设了"家政科学"课程。尽管男生和女生都要学习这门课程,然而内容却有区别:男生学习如何出租自己的房屋和土地,而洗衣做饭、照顾孩子等则属于女生的学习内容。出身工人阶级的年轻女孩完成学校的学业以后往往还会进入一些家政中心继续"深造"以便胜任家庭主妇这项"职业"。国家对家庭主妇职业化以及对家务的"科学性"和"技术性"的强调在某种程度上确实提高了家庭主妇的地位,并且让她们的工作获得了更多的认可,然而却将妇女更加严重地束缚在了私人领域,使之很难获得经济独立。

宗教因素也牵涉其中。天主教一直教导妇女,成为母亲以及家庭主妇才是妇女的"天职"。在冷战时期,梵蒂冈更是提出共产主义威胁论,这促使天主教选民更加想要保护自己的宗教以及传统的家庭价值观,也进一步强化了法国社会对妇女传统角色的偏向。

政党方面,左右两派在这个问题上采取了基本一致的立场。他们均捍卫妇女的"传统美德",并且都打算以此来吸引和拉拢女性支持者。即使是法国共产党,在这个时期的路线也出现了变化。曾经大力维护妇女做母亲和外出工作权益的法国共产党为了同天主教妇女组织——公民与社会妇女联盟竞争,也将自己塑造成了母亲和家庭保卫者的形象。

法国妇女联盟在1947年前一直要求修改民法,但很快放弃了为妇女争取有偿工作以提高其地位而做的努力,开始像传统天主教教徒和公民与社会妇女联盟那样提倡家庭价值,鼓励妇女回归家庭。

因此,虽然法国妇女已经通过在战争中参与各行各业的生产活动逐步掌握了各种职业技能,虽然她们也希望更大程度地参与到社会以及政治生活之中,却受到了战后初期国家政策和社会氛围的制约。

(三)鼓励生育的国家政策

由于战争导致人口减少,法国需要提高人口出生率,以弥补劳动力的损失。戴高乐将军在1945年3月5日的演讲中称,法国在此后十年需要生育120万新生儿,并且倡导政府为多子女的家庭提供经济援助。第四共和国政府出台了鼓励生育的政策,同样对妇女的生活产生了很大影响。天主教会一直以来反对避孕和堕胎,而各政治团体也十分强调妇女的生育"职责",致使20世纪20年代起本就已经很严格的反对堕胎和避孕的法律法规在1946年得到进一步加强。

1945年的结婚率较之前的几十年有了大大的提高,在1946—1950年间更是达到了法国历史上的顶峰,婴儿出生率也随之增长。政府鼓励妇女获得母亲的身份,而一个"理想的"母亲首先应该有旺盛的生育能力。二战结束后,法国开始更加隆重地庆祝母亲节,用于强调妇女在家庭中的重要性以及生育子女的责任。

为此,法国政府确立了一系列鼓励生育的政策和措施。1946年8月22日,政府出台了一个特殊的家庭津贴体系,旨在帮助育有两个以上孩子的家庭。1949年,这一家庭津贴体系也覆盖了尚未生育的年轻夫妇,鼓励他们生育子女。当时最有争议的就是一项被称作"单一收入津贴"(allocation de salaire unique)的条款,用以帮助单收入家庭。与之配套的一项补充福利是1955年设立的"家庭主妇工资"(salaire de la mère au foyer)。这项条款受到了部分左派人士的强烈反对,认为它妨碍了妇女进入劳动力市场,并且对那些既要在外工作又要照顾孩子的妇女不利;但右派则认为,该条款承认了妇女做家务劳动的经济价值。

虽然左派认为生育仍然是妇女的一项重要任务,但仍表示支持妇女外出工作。一些社会团体开始着手帮助妇女处理家庭和工作之间的冲突。法国妇女联盟提出,妇女应当与男性同工同酬,雇主应当出台一些措施以帮助女员工平衡好工作和家庭。法国总工会(Confédération Générale du Travail)为有孩子的女职工提供了一些具体的帮助。例如,1948年,该工会提出每天为哺乳期的女职工提供两小时带薪哺乳时间,并且倡导为期一年的不带薪产假,保障女职工不会失去工作。总工会主管妇女权益的部门还提出,要在城市及乡村的工作单位附近和居民区建立更多的托儿所,学校建立食堂,社区建立青少年活动中心,以便孩子们在母亲工作的时候也能够得到照顾。左派政党也提出在社区等范围内为有孩子的女职工建立提供帮助的社会网络。左派政党和社会团体的种种举措都是为了帮助职业妇女更好地履行她们作为母亲的职责，在当时对于女性就业等方面还是有积极意义的，这些理念在后来促进妇女参政的措施中也得到了继承和体现。

（四）妇女经济地位难以提高

在国家鼓励生育、社会要求妇女承担更多家庭职责的氛围中，妇女的就业情况和经济地位也成为她们难以进入管理和领导阶层、难以在政治生活中获得话语权的因素。

法国解放初期，政府曾采取过一些帮助妇女就业的举措。第四共和国宪法规定，任何人都有工作的权利。1946年，政府出台了旨在推动男女同工同酬的《安布鲁瓦兹·克罗瓦扎法令》①，同年还规定了妇女在进入公务员系统就职方面享有和男性平等的权利。

值得一提的是，20世纪50年代的女性主义呼声在工会中产生了较大的影响。法国总工会在这一阶段开始提倡与支持妇女带薪工作。某种程度上，这成了在两性关系的传统观念和现实情况之间的平衡杠杆。改善女工劳动和生活状况需要依靠很多实际行动，如保障妇女劳动权益的措施，改善带薪产假、育儿、退休的政策等。此外，原本被认为属于私人生活范畴的"性骚扰"以及"工作中对妇女的歧视"等问题得以被重新审视，并被列入了工会维权的范畴。

但在当时的历史背景下，不论是在农业还是在工业领域中，妇女就业仍面临重重障碍，妇女在经济上仍然处于依附男性的地位，影响了其政治权利的行使。第四共和国的妇女就业人口出现了大幅度的流失。许多有孩子的妇女选择了做全职母亲，因为这样可以获得更多来自政府的资助和补贴。

农业行业组织没有给妇女劳动者任何鼓励。法国农业工会规定，如果一

---

① 安布鲁瓦兹·克罗瓦扎在1945—1947年间任法国劳动与社会保障部部长。

个妇女农民的父亲或丈夫也是工会成员,那么她在工会就没有投票权。而且,工会也不主张女会员参与讨论业务、政治、策略,甚至农场间的合作。1957年工会应女会员要求成立的女性主义组织未能在农业政策抑或是提高妇女在行业内的地位方面做出任何显著的成绩。相比之下,青年农民委员会则是一个比较注重性别平等的组织,不拥有农场产权的妇女也可以成为会员并且享有选举权。

这一时期,妇女在工业部门的绝对人数增加了,但她们所占工人总数的比例却在一直下降,妇女就业主要集中在纺织、制衣、办公室日常行政工作、家政、销售等工种。此外,从整个第四共和国时期工业部门妇女的就业状况来看,国家和社会没有做出任何帮助妇女提高技能以进入管理层的努力,而且这种状况一直持续到了20世纪60年代。

在一些专业性更强的行业里,妇女则面临更多阻碍。女医生、女律师、女教授们一直在为打破性别壁垒作斗争。由于这些都曾是男性主导的行业,妇女遭受着更为严重的歧视和阻碍。极其优秀的妇女也许可以打破这些障碍,在这些行业里争得一席之地,但大多数妇女都没有这样的条件,即使是中产阶级妇女。能够为妇女提供向上阶梯的高等院校也尚未发挥更大作用,因为女生很难进入精英的高等专业学院,这些学校教授的课程大都集中在科学和工程类,女生比例极少。培养国家精英管理人才的法国国家行政学院(École Nationale d'Administration)同样如此。女生即使毕业以后也很难得到与男生平等的就业和升迁机会。比如,进入外交部门的妇女几乎都得不到驻外工作的机会,公务员系统中男性仍然占据绝对主导地位。总体看来,妇女开始被精英行业接受,但是妇女人数在这些行业的增长仍然极其缓慢,妇女参政所必经的教育路径尚未打通。

(五)政党内部对妇女参政的抵触

在当时的右派政党内部,帮助女党员发展与晋升尚未形成风气。即使是在左派政党内部,对妇女的参政和政治作用也并没有成为大多数人的共识。以法国共产党为例,尽管其当时推出了一些促进妇女参政、提高妇女地位的举措,女党员也付出了极大的努力,但在党内仍然有着强烈反对妇女参政的声音。当女党员想参加晚上的党支部聚会时,就会有男党员说:"女人们在家里就已经够烦的了,为什么还要跑到支部去烦我们?"最为强烈的反对声音往往出现在女党员进入参选的候选人名单时,男党员认为女党员的出现降低了他们成为候选人并当选的几率。当党内想要在领导机构任命一名女性时,为了让党员们接受,往往只能采取是为了"培养"该党员的说辞。

即使是当时最为优秀的妇女政治人物也面临同样的困难。1947年,日耳曼娜·普安索-沙皮伊被任命为卫生与人口部长。她曾经是抵抗运动的成员、第一届马赛市政议会副主席,先后担任过制宪议会和国民议会的代表,还曾在人民共和运动中担任要职,政治生涯成绩斐然。然而她的女性身份却是一个绕不过的话题,媒体也会十分关注其家庭生活,强调身居高位的她在家里却仍然是贤惠的妻子和负责的母亲的形象。日耳曼娜·普安索-沙皮伊是一位大胆并且讲求策略的政治家,她在任期内曾做出过很多令人赞赏的成绩,然而也并没有得到男性同事的普遍接受。

因此,纵观整个第四共和国时期,虽然妇女参政在早期有一个短暂的上升期,但是她们的政治和社会地位并没有得到真正的改善,而且也没有得到女性主义组织的有效关注。1949年,西蒙娜·德·波伏娃(Simone de Beauvoir)出版了《第二性》,提出要从劳动就业和私人生活等方面实现妇女的解放,但并未特别强调参政路径。而且,这本书的发行在20世纪50年代初还遭到了政界、文学界、艺术界很多知名人士的抵制。法国妇女参政问题到第五共和国成立后,甚至是到了20世纪80年代才取得了实质性的进展。

第二节 第五共和国时期妇女参政的进步

1958年,随着戴高乐的回归,法兰西第五共和国建立,法国政治经济体系进入稳定的运行状态。妇女解放运动则进入了新的发展时期,在20世纪后半期的不同阶段呈现出不同的特点,其中妇女政治参与的诉求越来越强烈。更重要的是,妇女受教育的水平大幅度提高,妇女在经济生活中逐步争取到一定的地位,在政治领域中的作用逐渐得到重视;而各政党或是出于自身纲领,或是出于社会发展的推动,在妇女参政议题上的立场发生了不同程度的变化。同时,相关法律法规逐步得到健全,对各政党形成约束力。

一、法国妇女平等参政诉求的变化

20世纪六七十年代法国女性主义运动的诉求主要集中在生育权和就业权方面,政治平等的诉求尚未进入其呼吁的核心部分,但是男女就业平等、妇女经济独立的实现毫无疑问是政治参与实现性别平等道路上不可或缺的条件。到了20世纪80年代,随着妇女经济地位的提高,妇女平等参政的诉求也开始得到更大范围的共鸣和支持。

(一)法国社会氛围的转变

20世纪50年代末,法国媒体舆论还在鼓励年轻女孩以她们的母亲为榜样,以家庭为重,以相夫教子为乐。但是到了60年代初,社会氛围渐渐发生转变,青年女性不再愿意被这种单一的妇女形象和传统的性别定位所束缚。许多女性认为,婚姻和子女的确是妇女生活中非常重要的一部分,但这并不影响妇女追求事业和在更广阔的范围内实现自我价值。节育措施因而得到更多应用。

导致新一代妇女观念变化的首要原因是其接受了教育,尤其是高等教育。

在马歇尔计划的支持下,法国经济得到了复苏和发展,国家对于劳动力数量的需求逐渐降低,因此延长了青少年接受教育的年限。20世纪60年代初,不论男孩还是女孩,接受教育的时间都更长了。男生仍然比女生有更多的机会学习技术性的课程,但女生的父母们开始向学校提出,应该让女生也能更多地参与这些课程,以便在毕业后得到更多、更好的就业机会。与第四共和国时期相比,这一阶段男女进入大学学习的机会更为平等。但我们也要看到,在第五共和国初期,女性进入专业性强的精英领域还有很大的难度,这种状况在后来的几十年里才逐步得到改善。

同时,流行文化和消费主义的发展也是妇女改变世界观和价值观的一个重要原因。20世纪五六十年代,英美流行音乐进入法国市场。随之而来的欧美电影、电视剧及电台节目的蓬勃发展给了年轻人更多了解世界的机会,并在潜移默化中改变着刻板的性别印象。这个时期出现的女歌手、女演员让年轻女性看到生活的其他可能性,知道了女性也可以拥有光彩夺目的生活,而不是局限于传统的家庭领域。同时,电影里出现的更多元的女性形象也使年轻女性开始质疑以往国家和社会所宣扬的传统性别价值观。例如,法国影星碧姬·芭铎(Brigitte Bardot)在1956年的电影《上帝创造女人》(*Et Dieu Créa la Femme*)中出演了一位性感、大胆、敢于表达自我的女性角色,从而挑战了传统的天真、无知、顺从的妇女形象。女歌手西尔维·瓦丹(Sylvie Vartan)在1962年推出的歌曲《我是自由的》(*Je Suis Libre*)也是一个很好的例子。这些文艺作品在当时给了年轻女性挣脱桎梏的勇气,促使她们深入思考自己的人生定位。

20世纪60年代,关于妇女状况和妇女问题的学术研究以及妇女作家的作品数量逐渐增加,媒体对妇女权益的关注度也有所提高,这对于妇女意识的觉醒发挥了非常重要的作用。1964年法国女学者安德烈·米歇尔(Andrée Michel)和热纳维耶芙·特谢尔(Geneviève Texier)出版的《法国妇女的现状》(*La Condition de la Française Aujourd' Hui*),吸引了公众和学术界对妇女发展问题产生关注,而 1965 年美国作家贝蒂·弗里丹(Betty Friedan,1921—2006)出版的《女性的奥秘》(*The Feminine Mystique*)的法译本为法国带来了更加激进的女性主义思想。在《法国妇女的现状》中,米歇尔和特谢尔提出,妇女在社会生活的各个层面都无法获得和男性平等的地位,在法律上也一直被当作是男性的附属品,更是完完全全地被政治生活排斥。在书中,她们还呼吁妇女觉醒,并为自身的权益而奋斗。《女性的奥秘》一书有着更大的影响力,这本书的成功与它的创作背景是分不开的:二战期间的美国,由于男性参军,大量美国妇女走出家庭,进入社会公共领域,支撑起了战时美国的各个行业。但是战后,士兵从战场上归来,妇女便被要求将自己的工作"还给"男性,回家继续做她们的贤妻良母,由此引发了许多经济已经独立的妇女的不满,从而爆发了美国的第二次女权运动浪潮。在书中,弗里丹批评了美国媒体当时大肆鼓吹的幸福快乐、满足于家庭生活的主妇形象,并且揭露了造成性别不平等的并不是妇女自身的种种"弱点",而是不平等的社会机制。这本书在当时极大地鼓舞了美国妇女走出家庭,为自身的权益和解放作斗争,同时也影响了整个西方世界。西方妇女意识到,只有行动起来,形成自己的组织,并且积极地投身到各个行业以及各种政治运动中,才能为自己争取到与男性平等的权利。

由于在这些社会生活中的改变,20 世纪 50 年代曾经沉寂一时的妇女解放运动在 60 年代重新活跃起来。50 年代女性主义组织的活动更多集中在保护并争取妇女的合法权益上,而 60 年代女权组织的诉求则更为强烈和全面,因为社会变化和性别不平等之间的结构性矛盾变得更为明显。

(二)20 世纪 60 年代妇女运动的发展及诉求

20 世纪 60 年代还涌现出了许多杰出的妇女团体,如妇女民主运动、法国女毕业生协会、职业妇女协会、全国妇女联合会,等等。其中 1961 年成立的妇女民主运动影响最大,是法国 20 世纪六七十年代妇女解放运动的中流砥柱。该组织的创始人是女性主义活动家玛丽-泰蕾丝·埃康(Marie-Thérèse

Eyquem,1913—1978)。该组织的建立也预示了 20 世纪 60 年代末至 70 年代新女性主义运动的开始。该组织吸收了大量的左翼妇女活动家,在解放妇女思想、帮助妇女就业、提高妇女在政府和政党中的席位,以及争取社会各个方面的性别平等方面都做出了卓越的贡献。该组织成员——密特朗时期曾担任女权部部长的伊薇特·鲁迪(Yvette Roudy)还创办了协会内部期刊《20 世纪妇女》(La Femme du XXème Siècle)。20 世纪 70 年代,随着法国社会党的正式成立,该组织的主要成员都进入社会党,继续为提高妇女的政治地位出力。玛丽-泰蕾丝·埃康于 1973 年在法国社会党内部发起了党内各级领导机构中妇女比例不低于 10%的改革,并于 1975 年被任命为社会党书记。

20 世纪 60 年代妇女运动的诉求主要有三点,即提倡节育、争取妇女工作权、改革家庭政策。当时的女性主义者认为,提倡节育是将妇女从生育职责中解放出来的途径。1960 年,主张妇女生育自由的女性主义组织"法国计划生育运动"成立;从 1961 年开始,该组织为其会员提供避孕工具,而避孕在当时仍是非法的行为。其成员人数在 60 年代初猛增,从 1962 年的 1 万名成员发展为 1966 年的 10 万人。[1] 该组织还获得了许多其他女性主义组织和激进组织的支持,1965 年起甚至开始获得一些保守派民间组织的支持。

同时,一些工会的妇女工作部门以及职业妇女协会团体努力争取妇女就业权利平等,包括同工同酬、55 岁退休以及带薪产假等权利。还有一些女性主义组织致力于倡导家庭政策的改革,例如成立于第三共和国时期的法国妇女权益联盟[2]和成立于 1901 年的法国国家妇女委员会。后者建会初期的成员多为家境富裕的妇女,她们希望用非暴力手段争取权益。该组织致力于争取投票权、教育权、平等的工作机会、同工同酬,要求男性承担育儿责任,等等。

---

[1] RIOT-SARCEY M L.Histoire du féminisme[M].Paris: La découverte, 2002:100.
[2] 法国妇女权益联盟是一个致力于维护妇女权益的组织,始建于 1882 年。它是一个世俗的妇女权益团体,并且一直致力于为妇女争取选举权。

这些组织的成员努力游说国会议员,尤其是女议员,动员他们起草促进妇女就业的法律提案,并且举行公开的集会宣传自己的主张。

整个20世纪60年代,法国的妇女解放运动愈见活跃并趋向激进。在1968年五月风暴①期间,很多女大学生也积极参与其中。在各种游行和运动中,女学生的数量十分可观,然而她们的声音被淹没在了运动的洪流中。在所有关于运动的照片和新闻报道中,女学生的参与并没有得到展现,这一点引发了当时许多女性主义者的不满。例如,当时索邦大学的学生安娜·泽林斯基(Anne Zelinsky)对妇女的权益在革命中遭到忽视感到非常不平。她与朋友一同在学校里组织了一系列以"妇女与革命"为主题的辩论,并引发了一场关于性解放与性别平等的大讨论。从1968年10月开始还出现了一系列专门的妇女集会,莫妮克·威蒂格(Monique Wittig,1935—2003)②、安托瓦妮特·富克(Antoinette Fouque,1936—2014)③等许多著名的女性主义作家也参与其中。在集会中,这些女性主义运动的先锋们不仅讨论了妇女的地位、性解放等议题,还探讨了妇女在政治运动中的角色与作用。五月风暴后关于性别不平等和性解放的讨论进一步加速了法国妇女平等意识的觉醒,为20世纪70年代诉求更加全面的妇女解放运动奠定了坚实的基础。

尽管如此,当时的男性仍然在议会、政府、政党和政治运动中占据领导地位,掌握政治决策权。妇女在运动中的诉求也常常被政府忽视,妇女权益问题在各类选举中尚未被普遍提及。

---

① 五月风暴指的是1968年春天在法国爆发的学生运动。风暴的背景是法国在经历了战后政治经济发展的黄金岁月后出现了经济增长放缓、失业率升高,以及保守的文化不能适应快速的社会变化等状况。左派思潮的活跃使大学生们越来越不满当时大学中和社会上的陈规陋习,殖民地如火如荼的民族解放运动也使他们开始质疑不公平的世界秩序。1968年年初已有断断续续的学生反对政府的活动,并于五月全面爆发。这场运动导致法国总理和教育部部长下台,并对法国历史和文化造成了深远的影响。
② 莫妮克·威蒂格是妇女组织——妇女解放运动的创始人之一,她创作了最具有时代特征的女性主义作品。
③ 安托瓦妮特·富克,妇女解放运动组织的成员,心理分析家、随笔家和政治学家。

(三) 20 世纪 70 年代妇女运动的诉求

从 20 世纪 70 年代起,法国妇女掀起了一场真正属于自己的革命。20 世纪 70 年代的妇女解放运动的核心观点是:妇女的首要身份是与男性平等的"人",而不是"妻子"或"母亲",妇女应该为了自身的权利去奋斗。上文中提到的许多女性主义运动的领袖人物都提出,妇女在战争以及各种政治运动中的贡献应该得到承认;而且,妇女在战争以及革命中做出的努力不仅仅是为了保卫国家和民族,同时也是为了反抗男权社会对妇女自身的压迫。

妇女的节育权是 20 世纪 70 年代初法国妇女解放运动的一项最重要的诉求,避孕和堕胎合法化成为一个政治议题。1971 年 4 月,343 名法国女活动家高调签署了《343 宣言》,声称她们都曾做过非法堕胎手术。签字者中包括西蒙娜·德·波伏娃、吉赛勒·哈里米(Gisèle Halimi,1927—)①、凯瑟琳·德纳芙(Catherine Deneuve,1943—)②、玛格丽特·杜拉斯(Marguerite Duras,1914—1996)③和弗朗索瓦丝·萨冈(Françoise Sagan,1935—2004)④等学术和文艺界妇女精英。这场争取堕胎权的运动还强调了当时法律造成的阶级不平等:有经济条件的妇女可以去英国做堕胎手术,而穷人没有条件这样做,或者只能选择风险高的无照医生;底层妇女更容易遭受性侵犯,一旦怀孕就很难堕胎。在这场运动中,支持堕胎者也分成了两派:温和派主张有条件的堕胎,只针对因遭受强奸、乱伦而怀孕的妇女,或是会因怀孕而危及生命的妇女实施手术;激进派则认为妇女应该享有无条件的堕胎权,妇女掌控自己身体的权利是妇女解放运动的基石,而男性无权指摘。

---

① 吉赛勒·哈里米,律师,妇女民主运动成员,成名于阿尔及利亚战争期间,曾经指责法国政府虐待战争囚犯,支持妇女参政。
② 凯瑟琳·德纳芙,法国著名演员,代表作有《瑟堡的雨伞》《最后一班地铁》《白日美人》等。
③ 玛格丽特·杜拉斯,法国著名作家,代表作有《情人(1974)》《广岛之恋》等。
④ 弗朗索瓦丝·萨冈,法国著名作家,代表作有《你好,忧愁》《热恋》等。

争取堕胎权的运动造成了医疗卫生界和议会的巨大分歧,在法国政坛引起轩然大波。许多人加入了支持避孕和堕胎合法化的行列。1974年的总统竞选中,右派自由共和党候选人瓦莱里·吉斯卡尔·德斯坦和社会党候选人弗朗索瓦·密特朗为了争取女性选民都做出了改革相关法案的承诺。德斯坦最终在竞选中胜出,并任命西蒙娜·韦伊(Simone Veil)为卫生部部长。韦伊是律师出身,毕业于以培养政治精英著称的巴黎政治学院。1956年,她成功通过国家司法考试成为一名法官,之后进入司法部,并一直致力于维护妇女权益和利益。1970年,她进入最高法院担任要职,并于1974年被任命为卫生部部长。担任卫生部部长后,韦伊仍然在为维护妇女权益而奔走。刚一上任,德斯坦便委派她处理有关堕胎法案事宜。经过多轮辩论,韦伊提出的堕胎法案终于在国会通过,并于1975年1月17日正式施行,该法案规定妇女在怀孕的前10周可以无条件选择人工流产。这项法案的通过标志着法国妇女解放运动的重大转折和突破,使得妇女对自己的身体有了自主权,反映出了20世纪70年代妇女身份的变化——不仅是妻子和母亲,也是女人和公民。

在政治方面,20世纪全球女性主义运动的重要口号——"个人的即是政治的"(personal is political)对法国的女性主义运动产生了深远影响。法国女性主义者也意识到,政治其实根植于所有社会关系中,堕胎、强奸、性骚扰、夫妻关系、家务分工这些看似是个人的问题中都蕴含着不平等的权利关系,而且这种不平等渗透在社会生活的方方面面。20世纪70年代的法国女性主义运动对"政治"内涵的重塑起到了重要作用。它并不像以前的妇女解放浪潮那样仅仅把重点放在"平等"上,而是培养了妇女的自我意识。女性主义者们并不仅仅要求享有与男性平等的权利,还要求重建一种能够反映妇女意识和价值的社会以及政治体系。20世纪70年代的法国女性主义运动受到了新左派思想的影响。新左派反对官僚主义,反对专制,强调大众的力量,希望建立一个高度自治、权力下放的现代社会。

当时的女性主义者对于政治生活中的不平等现象表现出了强烈的反对。1970年8月，一群女性主义者聚集在凯旋门下，向无名战士[①]献花。她们携带了"比无名战士们更加'无名'的是他们的妻子"(Il y a plus inconnu que le soldat inconnu, sa femme.)"的标语，这一举动旨在使人们意识到妇女在国家和民族解放中做出的巨大贡献。在女性主义者的努力下，1974年，法国设立了有史以来第一个"妇女地位国务秘书"的职位，由记者出身的弗朗索瓦丝·吉鲁(Françoise Giroud)担任。吉鲁早年也曾参加过法国抵抗运动，并且被德国纳粹政府的秘密警察逮捕过。1953年，她与同僚一起创立了《快报》(L'Expresse)，之后她一直在报社工作，直到被任命为妇女地位国务秘书。1976年，吉鲁又被任命为文化部部长。

在这个时期，弗朗索瓦丝·吉鲁和西蒙娜·韦伊能够在政府中担任要职，无不是受益于当时的妇女解放运动。20世纪70年代的妇女解放运动极大地撼动了法国传统的社会秩序和价值观，妇女开始拥有了支配自己身体的权利，更广泛地参与到社会公共领域，并且为之后的《男女竞选公职平等机会法》的通过奠定了基础。

然而，这一时期妇女解放运动的局限性亦十分明显。这一次的浪潮由城市中产阶级中的妇女发起，她们当中的绝大多数人受过良好的教育，家境较为优越。因此，她们的很多诉求并不能解决底层妇女的问题，农村妇女、家庭主妇以及工人阶级的妇女都未能获得发言权和参与权，处于失语的状态。此外，由于在之前几十年的各种运动中，很多女性主义者虽然一直尝试扮演积极的角色，却仍在各自所归属的政党或政治团体中遭受排挤，她们开始希望抛开自己原先加入的各种工会、社团以及社会组织，展开一场独立的妇女运动。因此，20世纪70年代的许多法国女性主义者拒绝参加政治竞选，理由是性别压

[①] 凯旋门的正下方是1920年建造的无名烈士墓，该墓埋葬了一位在第一次世界大战中阵亡的无名战士。无名烈士墓代表着在大战中死难的150万法国军人。

迫根植于各个阶级和党派之中,她们不愿作为这些社会和政治组织的代表去参与选举。然而,这种对党派政治摒弃的做法导致了新的问题:脱离了政党,女性主义运动更容易被边缘化,妇女仍然无法获得通向决策权的路径。

20世纪70年代以后,法国不再有大规模的女性主义运动,但是各种女性主义组织保持了稳定的活动节奏。

(四)20世纪八九十年代妇女参政诉求的明晰化

20世纪80年代,女性主义组织专长化的趋势更为明显,许多组织逐渐将活动集中在某一特定主题,着手从事更具体的事务。例如,有帮助女性艾滋病患者的组织、帮助移民妇女的组织、为职场性别歧视受害者提供援助的组织、为强奸受害者提供援助的组织,等等。其中,也有部分组织专注于提高政治生活中的妇女参与和性别平等。曾经从党派和社团中脱离出去的女性主义者渐渐回归传统的党派政治中。

20世纪80年代,法国"彩虹"运动组织重提候选人性别比例问题,随后开始在组织内部贯彻落实性别平等原则。这个时期,欧洲其他国家也出现了类似的举措,比如德国。欧洲大环境中性别话题的强化也推动了法国女性主义者对政治议题的重视,形成了有利的氛围。1992年,欧共体举行了欧洲第一次关于妇女参政的峰会,并通过了相关宪章,提出"性别平等应该成为各国行政机构和政治管理的原则"。1993年,在"彩虹"运动组织的积极分子、女性主义者莫尼克·当泰尔(Monique Dental)的推动下,法国成立了"追求妇女参政平等网络",该网络随后在国民议会内部组织了关于此议题的圆桌讨论会。同年11月10日,289名女性和288名男性共同发布了《577人平等民主宣言》,提出通过推动立法和行政机构内的性别比例平衡,增加妇女在其中的比例,以制定更有利于实现社会平等的政策。这对2000年法国通过《男女竞选公职平等机会法》来说是一次非常关键的行动。2000年之后,关于妇女参政的讨论和辩论更多地围绕《男女竞选公职平等机会法》展开(表1-2)。

表 1-2　法国第五共和国女议员在国民议会中的人数及比例

议会届数	当选时间	女议员人数	议员总数	女议员比例(%)
第一届议会	1958	8	579	1.4
第二届议会	1962	8	482	1.7
第三届议会	1967	11	487	2.3
第四届议会	1968	8	487	1.6
第五届议会	1973	8	490	1.6
第六届议会	1978	20	491	4.1
第七届议会	1981	26	491	5.3
第八届议会	1986	34	577	5.9
第九届议会	1988	33	577	5.7
第十届议会	1993	35	577	6.1
第十一届议会	1997	63	577	10.9
第十二届议会	2002	71	577	12.3
第十三届议会	2007	107	577	18.5
第十四届议会	2012	155	577	26.9
第十五届议会	2017	226	577	39.2

数据来源:法国国民议会官网

在这个阶段,妇女参政的诉求基本明晰,妇女通过参加党派活动,在议会等机构中施加影响力,实现了妇女参政立法的突破。

二、第五共和国时期妇女的政治参与状况

从以上内容可以看出,第五共和国成立 60 年以来,法国妇女参政的道路并非一帆风顺。2000 年以后,法国妇女在议会(主要是市镇议会、欧洲议会等)中的比例才有了明显提高,内阁中出现了更多的女部长,尤其是奥朗德任总统时期成立了男女比例平衡的政府。下文将依托数据,从议会、政党、政府这几个层面观察第五共和国时期妇女参政水平的发展与变化。

(一)妇女在第五共和国议会中的参与

1958年的立法选举后,国民议会中女议员所占的席位比例甚至还不如第四共和国时期。从表1-2可以看出,在第五共和国成立初期,国民议会中女议员的比例仅维持在1%—2%。在戴高乐、蓬皮杜、德斯坦执政期间,妇女在立法机构中的地位都没有得到真正的改善。1967年立法选举时,在密特朗的坚持下,他所领导的民主和社会主义左翼联盟推举出了7名女性候选人,但是这7名女候选人没有一人在立法选举中胜出。这种情况一直持续到20世纪70年代末才有轻微好转,20世纪八九十年代女议员比例缓速提升,21世纪以后,女议员比例有了明显提高,但直到2017年议会选举,法国国民议会女议员比例才第一次超过联合国提出的30%的临界点。

这一突破首先要归功于在议会占据多数的共和国前进党,即现任总统马克龙的政党。2017年法国总统大选前夕,左右两大传统党派均出现了内部分裂问题,导致法国政党力量对比出现第五共和国以来最大的一次变化。成立于2016年的中间派共和国前进党候选人马克龙异军突起当选总统。马克龙曾在奥朗德时期的政府中担任过内政部部长,主张超越政党左右之分的阵营色彩。他在参政性别平等问题上态度明确,遵守均等原则,其党派最终在2017年国民议会选举中获得多数,这对女议员比例的提高产生了重要影响。对于一个新成立的党派来说,能够在议会选举中提名50%的女性候选人并非易事,但是共和国前进党克服了诸多困难,大胆推出了很多新面孔参与竞选并获得了成功。此次选举中,社会党在国民议会选举中的女性候选人比例为44.2%,共和党为39%。[①]

国民议会选举中各党派候选人的性别比例对于选举结果中的妇女比例有着最为重要的影响。从2002年到2017年,整体来看,各党派候选人中妇女的比

---

① Sénat de France. Législatives:《 en marche 》vers la parité? [EB/OL]. (2017-02-15) [2017-11-29]. https://www.publicsenat.fr/article/politique/legislatives-en-marche-vers-la-parite-62468.

例有所提升(表1-3),因此,能够当选议员的女性人数比例也得到了相应提高(表1-4)。

表1-3 法国2002—2017年立法选举部分党派候选人名单中女候选人比例

党派名称	2002年	2007年	2012年	2017年
社会党	36.45%	45.5%	45.3%	44.2%
人民运动联盟(共和党)	19.90%	26.6%	25.7%	39.0%
欧洲生态绿党	49.80%	50.4%	49.6%	43.8%
国民阵线	48.40%	48.8%	48.9%	49.0%
共和国前进党	-	-	-	50.0%

数据来源:法国政府男女平等高级委员会①

表1-4 法国2002—2017年年立法选举结果中部分党派当选女议员比例②

党派名称	2002年	2007年	2012年	2017年	2017年女议员人数	2017年获国民议会席位总数
社会党	16.4%	25.9%	37.86%	40%	106	280
人民运动联盟	10.1%	14.3%	13.92%	27%	27	194
绿党	33.3%	20.5%	52.94%	0	0	0
国民阵线	0	0	100%	2	1	1
共和国前进党				47%	143	351③

---

① Haut Conseil à l'Égalité entre les femmes et les hommes. Chiffres clés sur les candidatures: % de femmes candidates par nuances aux élections législatives de juin 2012[EB/OL]. (2017-02-15) [2018-01-05]. http://www. haut-conseil-egalite. gouv. fr/IMG/pdf/OPFH_ELELEG_candidatures-230512.pdf.

② 2002、2007年数据来自法国政府性别平等高级委员会官网。
Haut Conseil à l'Égalité entre les femmes et les hommes. Elections législatives 2007: Les petits pas de la parité[EB/OL]. (2007-06-24) [2018-01-15]. http://www.haut-conseil-egalite.gouv.fr/IMG/pdf/legislativesc51b.pdf.
2012年数据来自:Le Télégramme. Législatives. 155 femmes siégeront à l'Assemblée, un record[EB/OL].(2012-06-18) [2018-01-15]. http://www.letelegramme.fr/legislatives-2012/legislatives-155-femmes-siegeront-a-l-assemblee-un-record-18-06-2012-1742771.php.
2017年数据来自国民议会官网。Assemblée nationale de France. Liste des députés élus à l'issue des deux tours les 11 et 18 juin 2017[EB/OL].(2017-03-15) [2018-01-15]. https://www.assemblee-nationale.fr.

③ 含其盟友民主运动联盟席位。

国民议会中各委员会的女性比例,女性委员会主席比例和政党、党团、团长的女性比例从另一个角度反映出妇女参与决策的能力和深度。2017 年 6 月,法国国民议会选举结束后,法国两个协会组织——WAX Sciences 协会和政治妇女协会发布了一项研究报告,对国民议会的议员构成进行了性别分析。① 报告指出,男议员仍然在体现更大权力的委员会中占据主导地位。国民议会财政委员会、外交事务委员会、国防委员会中的男性比例分别为 86.3%、80.5%和 80%,而文化事务委员会、社会事务委员会和经济事务委员会中男性比例仅为 37.5%、36.6%和 30.9%。在国民议会常设的八大委员会中,女议员担任主席的有 3 位;各委员会分别设有副主席 4 人,32 名副主席中女性为 10 人,占比约 32%。与 21 世纪初相比,权责较重岗位上的女议员比例已经取得了明显进步。但 2017 年,在由党派联合形成的党团中(包括社会、生态和共和党团,共和党党团,民主和自由派联盟,极端、共和、民主和进步党团,民主和共和左派党团,无党派人士团),没有任何女性担任党团团长。此外,根据国民议会对议员发言数量的统计,男议员发言时长要远超女议员。这说明,女议员在话语权方面尚有很大的进步空间。

在参议院中,女参议员的席位比例从 1946 年的 6.1%一度降到 1.91%,这种止步不前的状态一直持续到 1974 年。从第五共和国成立之初直到整个 20 世纪 80 年代,妇女在参议院和国民议会中的比例相似,均低于二战结束后的最初 10 年。20 世纪 90 年代末 21 世纪初开始,女议员的比例才开始有所提高(表 1-5)。

---

① Politiquelle. La parité à l'Assemblée nationale Le data au service de l'égalité femmes-hommes[EB/OL].(2017-03-15)[2017-09-11].https://politiquelles.org/wp-content/uploads/2017/06/La-parite%CC%81-a%CC%80-l%E2%80%99Assemble%CC%81e-nationale-le-data-au-service-de-le%CC%81galite%CC%81-femmes-hommes.pdf.

表 1-5　第五共和国时期参议院女议员的人数和比例①

当选年份	女议员人数	参议员总数	女议员比例(%)
1958	6	314	1.91
1960	5	307	1.63
1962	5	271	1.85
1964	5	273	1.83
1966	5	274	1.82
1968	5	283	1.77
1971	4	282	1.42
1974	7	283	2.47
1977	5	295	1.69
1980	7	304	2.30
1983	9	317	2.84
1986	9	319	2.82
1989	10	321	3.11
1992	16	321	4.98
1995	18	321	5.60
1998	19	321	5.92
2001	35	321	10.90
2004	56	331	16.92
2008	75	343	21.90
2011	77	348	22.1
2014	87	348	25
2015	88	346	25.4

综合以上数据可以看出,妇女在立法机构中的参与活动从 21 世纪才开始

---

① Les femmes au Sénat sous la Vème République[EB/OL].(2005-07-21)[2017-09-23].https://infogram.com/Les-femmes-au-Snat-sous-la-Vme-Rpublique? src=web.

发生较为明显的改变。20世纪70年代一系列风起云涌的女性主义运动极大地促进了妇女自我意识的觉醒,并为此后妇女在政治生活中的参与、为从根本上改善妇女的政治地位奠定了基础。然而,女性主义运动并不能真正在国家政治机器中发挥决定性作用。进入政党并成为政党参加选举的候选人,这是进入议会的前提;各个政党对于妇女参政所持的不同态度和具体措施,也在不同程度上左右着妇女在立法机构中的席位以及妇女进入政治领域的进程。因此,女议员的比例问题与政党的性别主张密切相关。

(二) 妇女在中央政府中的参与

法国妇女在政府中的比例和职位同样也经历了缓慢的发展过程。1958年戴高乐在总统选举中获胜,成立了法兰西第五共和国。尽管深得女性选民的支持,身为右派的戴高乐在性别平等方面却是十分保守的,在他执政的10年当中,仅有两名妇女进入内阁。一位是娜菲沙-西德·卡拉(Nafissa-Sid Cara,1910—2002),她由米歇尔·德布雷(Michel Debré)在组阁时推荐入阁,担任负责阿尔及利亚社会问题和穆斯林权利问题的国务秘书[①]。另一位是玛丽-玛德莱娜·迪内施(Marie-Madeleine Dienesch,1914—1998)。娜菲沙-西德·卡拉出生于阿尔及利亚,是法国第一位进入内阁的穆斯林妇女,他长期致力于穆斯林妇女的解放,主张伊斯兰教与共和价值观相容。玛丽-玛德莱娜·迪内施在戴高乐、蓬皮杜、德斯坦时期均进入了内阁,先后担任负责教育、社会事务的国务秘书。

戴高乐时期政坛妇女数量未能出现显著增加,内阁中妇女比例保持在2%到4%,妇女仅担任国务秘书职位,未出现妇女部长或副部长。这当然并非完全因为以男性为主的政界主观上排斥妇女参政,客观上也与能够进入上升通道的女性数量有限有关。能够培养出具有相应领导能力的人才的法国高

---

① 当时阿尔及利亚尚未独立,因此法国政府内设有该职。

等院校,比如巴黎国家行政学院和巴黎高等师范学院等院校,在当时仅有数量极其有限的女毕业生。密特朗时期之所以能够推出更多、更年轻的妇女政治人物,也得益于人力资源的相对丰富。戴高乐时期政府和议会中为数不多的妇女政治人物大多具有参加抵抗运动的经历,并支持1958年戴高乐回归政坛。这一现象实际上也反映了当时妇女从政的通道问题,只有拥有一定政治生活经历的妇女才能有机会进入政府和议会。

德斯坦总统是右派总统中第一位切实采取措施,促进性别平等的总统。在1974年的总统竞选中,德斯坦和密特朗为了争取女性选民都提出了一些促进性别平等的政策。德斯坦胜出后任命希拉克(Jacques Chirac)为总理,希拉克在内阁中先后任命了9名妇女担任部长和国务秘书职务。为了促进性别平等,德斯坦还设立了妇女地位国务秘书处,由弗朗索瓦丝·吉鲁领导。吉鲁上任后提出了100多条改善妇女地位的措施,其中有80多条被内阁采纳。

尽管这些进步使德斯坦可以骄傲地宣称妇女地位终于在国家和政治体系中得到了承认,但人们却不难发现,大部分妇女担任的是级别较低的职位。也就是说,在德斯坦在任的7年中,能够参加内阁会议、有较强决策能力的只有3位女性部长,分别为任卫生部部长的西蒙娜·韦伊、任高等教育部部长的阿丽斯·索尼耶-赛义德(Alice Saunier-Seïté,1925—2003)和任妇女境况部副部长的莫尼克·佩雷蒂埃(Monique Pelletier,1926—   )。

1981年密特朗上任后,将法国妇女地位国务秘书处改为妇女权利部(Le Ministère des Droits des Femmes),并任命伊薇特·鲁迪为部长。密特朗在任期间,内阁中的妇女人数有显著增加。在密特朗的第一个任期里,社会党人皮埃尔·莫鲁瓦(Pierre Mauroy)领导的政府中有4名妇女入阁,分别是民族团结部部长妮可·奎斯蒂(Nicole Questiaux)、农业部部长埃迪特·克勒松(Edith Cresson,1934—   )、妇女权利部部长伊薇特·鲁迪和青年与体育部部长埃德维热·阿维斯(Edwige Avice)。1984年政府重组后,同是社会党人的洛朗·法比尤斯(Laurent Fabius)领导的政府中又增加了两名妇女,分别为环境部部长于盖特·布沙尔多(Huguette Bouchardeau)①和社会事务部部长乔治娜·迪富瓦(Georgina Dufoix)。

1991年,法国政府中的女性参与曾达到了一个高潮:密特朗于5月任命埃迪特·克勒松(Edith Cresson)为政府总理,她是法国历史上第一位,也是迄今为止唯一一位女总理,而克勒松组建的政府里共有6名女性。克勒松出生于一个公务员家庭,早年曾获得人口学博士学位。她于1965年加入社会党,之后在党内一直辅佐密特朗。20世纪70年代,她先后担任过市长以及欧洲议会议员。密特朗当选后她也一直受到重用。尽管克勒松在任只有一年的时间,但是却有着很大的积极意义。她的任命使人们意识到妇女可以成为政府首脑,在政坛上担任要职,同时也树立了社会党推动性别平等的领头人形象。尽管1992年克勒松被皮埃尔·贝雷戈伏瓦(Pierre Bérégovoy)取代,但社会党又任命了另一位妇女入阁——塞戈莱娜·罗亚尔(Ségolène Royal),由她出任环境部部长,后来以社会党候选人的身份参加总统了竞选。

密特朗执政期间,妇女参政并不是一路畅通的,中间也出现过阻力甚至是短暂的倒退。20世纪70年代末的石油危机给法国造成了一段时期的经济萧条,当时不容乐观的经济形势使政府没有精力关注妇女权利这个问题。1983年提出的反性别歧视法案在社会党内没有得到通过。同年3月,为了提高办事效率,内阁裁减了许多部委,其中包括妇女权利部。正像二战结束后法国经历的保守主义回潮那样,此次经济危机又引发了新一轮保守势力的回归和妇女地位的倒退。1984年,极右翼政党国民阵线在政坛暂露头角,开始大肆鼓吹妇女的"传统责任",认为妇女的首要任务仍然是生育子女和照顾家庭,并且

---

① 于盖特·布沙尔多在密特朗执政期间曾先后出任过负责环境与国民生活质量的国务秘书(1983—1984)以及环境部部长(1984—1986)。她还是里昂第二大学妇女主义研究中心(Centre Lyonnais d'Études Féinistes)的创始人之一。

再次提出妇女应该回归家庭。1985年,鲁迪提出了多项改善妇女地位的法案,但当中很多并未通过。1986年,右派在立法选举中获胜,法国政坛形成了左右共治的局面。密特朗任命了希拉克为政府总理,而后者很快便解散了妇女权利部。这说明,在20世纪80年代,妇女的地位在法国权力体系中还是十分脆弱的。在这种男性主导的政治体系中,领导人的更迭直接影响着妇女的参政比例和参与决策的能力。

1995—2012年法国右派执政时期,是妇女参政不断取得进展的一个时期,这在一定程度上应归功于《男女竞选公职平等机会法》的通过和实施,以及政治参与平等理念在各政党中的逐步深化。在1995年的总统选举中,右派希拉克获胜。总理阿兰·朱佩(Alain Juppé)组建的内阁中有12名妇女,创下了历史新高。1997年,由于法国国民议会选举后再次出现了左右共治的局面,希拉克任命了左派社会党若斯潘组阁,15位女性进入内阁。在朱佩第二个任期后期的德维尔潘内阁中,32个部长和部长级岗位上有6名女性。在希拉克时期,内阁妇女比例维持在20%上下。2007年,萨科齐(Nicolas Sarkozy)当选总统,总理弗朗索瓦·菲永(François Fillon)组阁时的妇女比例增加到了33%左右。

社会党的奥朗德(François Hollande)参加2012年总统选举时,曾承诺一旦当选将成立男女性别比例平衡的政府。他当选总统后,总理曼纽尔·瓦尔斯(Manuel Valls)组建的内阁中有17名妇女,占内阁人数的一半。奥朗德任内发生了若干次内阁人员变化,但是妇女比例基本保持在48%以上。2016年2月内阁重组时,18名部级官员和20名国务秘书均为男女各半。

2017年,新上任的马克龙展现出与奥朗德同样的立场。2017年5月,他任命的总理爱德华·菲利浦(Eduard Philippe)在第一次组阁时,22名成员中有11名女性;2017年6月国民议会选举后,菲利浦第二次组阁,30名成员中有15名女性。

纵向观察1981年以来法国政府内部妇女比例的发展，可以看到，密特朗的两个任期中，妇女比例维持在15%左右；到希拉克时期女性比例有所上升，这与若斯潘政府大力推行政治性别平等的政策密不可分。萨科齐时期可以初步看出法国政治性别平等推行的效果，到奥朗德时期则出现了男女比例上的突破，并在马克龙时期得到延续。但这个过程中，女性政治人物仍多被任命于与女性特质相关的岗位上，如教育、家庭、社会事务等，很少有妇女能够执掌国防、外交、经济、内政等部门，因而法国女性主义者一直发出"比例相等并不等于权力相等"的批评之声。

（三）法国妇女在地方政府的参与状况[①]

法国本土分为13个大区（2016年改革之前为22个大区）、96个省。大区、省和市镇各级议会中的女议员比例和女市长比例是研究法国妇女参政的重要指标，能够集中反映法国国家管理体系各层级上的妇女参与程度。

在法国2000年通过、2001年实施《男女竞选公职平等机会法》之前，大区议会和省议会中女议员的比例最高不及10%，市镇议会女议员的比例最高在20%左右。该法实施后，女性比例有了明显的提升：大区议会女议长的比例从2010选举时的7.7%增加到2015年选举时的18.8%，省议会女议长的比例从2011年选举时的6.1%增加到2015年选举时的8.2%。[②] 此外，2014年的法国欧盟议员选举中，女议员约占43.2%，高于欧盟议会的平均水平36.4%（见表1-6）。

---

① 本节未纳入法国海外省和海外领地的数据。
② 地方议会政府官网"《Les collectivités locales en chiffres 2016》, portail de l'État au service des collectivités locales"[EB/OL].(2016-09-17)[2019-11-12].https://www.collectivites-locales.gouv.fr/collectivites-locales-chiffres.

表 1-6　2015 年各级地方议会女议员比例①

地方议会	女议员比例
大区议会	47.8
省议会	50%
市镇议会	40.3%
少于1,000人的市镇	34.8%
1,000人以上的市镇	48.1%

数据来源:法国内政部选举和政研室

然而,法国女市长人数依然相对较少。2014 年市长选举后,人口超过 10 万的 21 个法国城市中,有 6 个城市的市长为女性,分别是巴黎、雷恩、南特、里尔、亚眠、埃克斯-普罗旺斯,其中有 4 位出自社会党。当选巴黎市长的是社会党的安娜·伊达尔戈(Anne Hidalgo)②,这也是法国首都首次由一位女市长管理。整体看,女市长比例从 2008 年到 2014 年期间有所增加,但幅度较小(见表 1-7)。

表 1-7　法国女市长比例

城市(根据人口规模分类)	2008 年选举后	2014 年选举后
少于 500 人的城市	15.8 %	17.9 %
500—1,000(不含)人的城市	13.1 %	15.4 %
1,000—3,500(不含)人的城市	11.4 %	13.0 %
3,500—10,000(不含)人的城市	10.2 %	13.1 %
10,000—30,000(不含)的城市	7.5 %	12.8 %
30,000—100,000(不含)的城市	11.7 %	11.0 %
100,000人以上城市	13.5 %	14.6 %
总计	13.9 %	16.1 %

数据来源:法国内政部选举和政研室

---

① 本书成稿时的在任议会。
② 安娜·伊达尔戈,社会党党员,曾任法国文化部部长秘书,2001 年至 2014 年任巴黎市副市长,当时的市长为贝特朗·德拉诺埃(Bertrand Delanoë)。

这部分数据表明,《男女竞选公职平等机会法》的通过和实施在地方议会选举层面取得了明显的成果,但女性在地方政府中担任市长职务的比例尚未明显提高。

第二章
法兰西第五共和国以来选举立法历程

从上文中可以看出,2000年通过的《男女竞选公职平等机会法》对法国提高妇女参政水平发挥了很大的作用,它体现了国家立法在妇女赋权中的作用力。在该法出台以前,包括第四共和国时期,宪法中明确了男女选举权平等的原则,但并未采取具体措施保障选举中的性别平等,各项选举制度并不利于妇女获得各级议会中的席位,也不利于妇女在其归属的政党内部获得参加选举的资格。《男女竞选公职平等机会法》通过强制规定选举中候选人的性别比例来提高女性候选人当选的机会,该法的实施与选举的具体方式联系在一起,需要对影响选举结果的投票方式进行调整。它在起草、辩论、通过和实施的过程中遭遇了来自各界的质疑,引发了很多争论,而之后通过的《禁止议员兼任地方职务法案》同样突破了诸多阻力。本章首先对第四共和国和第五共和国时期的相关立法及选举制度进行分析,然后展现围绕配额制产生的争论,最后探讨《男女竞选公职平等机会法》和《禁止议员兼任地方职务法案》的具体实施情况及存在的问题。

第一节 二战后法国选举方式的变化和发展

二战后,法国在选举制度上经历过数次重大的变化。第四共和国实行多党制,选举使用了比例代表制,1951年改为实行比例代表制与名单多数制并行的选举制度。1958年第五共和国成立后,实行单选区两轮多数制,1985年改为省级比例代表制,在1986年又恢复单选区两轮多数制。比例代表制与多数制最大的区别在于议席的分配,比例代表制按照各政党所获票数占总票数的比例分配席位,常与名单选举相结合,多用于议会选举;而多数制的原则是"胜者全取",即票数多的一方获得全部席位,这种方式常用于总统选举。[1]

一、第四共和国时期的选举立法

1946年通过的法国第四共和国宪法序言中明确规定:"法律保障妇女在所有领域享有与男性平等的权利。"这自然也包括法国妇女在1945年所获得的选举权与被选举。该宪法第一章第四条明确写道:"所有成年的法国公民以及侨民都享有选举权等政治、公民权利,不论男女。"但是该宪法同时也强调需要保护妇女的母亲身份,因此在女性主义者眼中,该宪法对于妇女地位的定义具有一定的模糊性。法国学者米歇尔·里奥-萨尔塞(Michèle Riot-Sarcey)认为,"对于母亲身份的保护压制了妇女的自由"[2]。因为突出母亲身份,影响了妇女走出家庭、进入职场的自由。

1946年宪法还规定,法国实行议会制政体,议会为国家最高权力机关。第四共和国议会由国民议会和共和国参议院构成。国民议会的议员通过直接

---

[1] 李济时.民意表达机制与法国选举制度的变革[J].当代世界社会主义问题,2012(2):60-71.
[2] RIOT-SARCEY M L.Histoire du féminisme[M].Paris:La découverte,2002:94.

普选的比例代表制方式选出,共和国参议院的议员由地方间接选举产生,其中一小部分(不超过六分之一)由国民议员选出,同样采取比例代表制的方式。总统选举采取间接选举的方式,由两院议员选出。采用的投票方式为两轮绝对多数制,即第一轮中获得超过 50% 选票即可当选;若第一轮中没有候选人得到过半选票,则得票最多的两位候选人进入第二轮,第二轮中得票多数者当选。总统任期为 7 年,最多连任两届。

市政选举最初采取多记名两轮混合圈选的方式,这是多数制中名单投票的一种,选民在投票时可以在候选名单上划去或增添候选人。1947 年,在居民人数超过 9,000 人的市镇开始实行比例代表制。省议会选举同样采取比例代表制和单记名多数两轮投票制的方式。

第四共和国时期政治生活不稳定的一个重要因素就是法国党派众多,议会中没有一个政党能稳定获得多数议席,历届政府都只能是几个政党的联合。比例代表制也使得各党派各行其是。政府的更迭频繁一方面引起了民众的不安与不满,一方面也促使官方采取措施改革选举方式,保障国家管理机器的顺畅运行。因此,在 1951 年总统大选前,法国通过了新的选举法,国民议会选举在比例代表制的基础上加入了多数制的元素。这种新的选举方式是一种以政党或政党联盟为基础的多数制,对政党联盟更为有利,各政党可以通过名单的形式联合,共同参加选举。简单来说,就是在一个选区中,若有一政党或政党联盟获得了绝大多数选票,那么就能获得这一选区的所有议席,联盟内再按照各党派所占比例分配议席;若没有哪一政党或联盟获得绝大多数选票,那么还是按照比例代表制分配议席。这就导致出现了政党联盟和名单式选举的情况。

不论是在比例代表制还是多数制选举方式下,女候选人的数量本身都是一个需要突破的问题。第四共和国时期,妇女刚刚获得选举权和被选举权,她们在政党内部的人数很少,能够进入候选人名单的更是非常有限。即使是推动妇女参政最为积极的法国共产党,1946年时也仅有11%的女党员。① 大多数政党的女党员均不超过10%。除了上文提到过的那些在抵抗运动中做出过突出贡献的妇女,很少有妇女能够进入候选人名单并且当选。在这个阶段,关于选举方式与妇女参政关系的探讨尚未正式提上议事日程。

二、第五共和国时期选举制度的完善

1958年前后,法国政界意识到,第四共和国不稳定和混乱的很大一部分原因在于选举制度。比例代表制被认为造成了权力过度分散的局面,尽管第四共和国后期对此进行了修正,但仍未达到理想效果。因此第五共和国选举制度的改革重点在于要确立一种能保证议会内出现稳定多数的选举方法,以保障政府的各项工作能够得到议会的支持,从而获得更高的工作效率。1958年的法国宪法确立了总统在国家机器中的地位,也明确了议会既要监督政府的工作也要支持政府工作的职能,法国因此逐渐确立了两轮多数制,舍弃了比例代表制。

第五共和国时期的总统选举从间接选举改为全民直接选举的方式。宪法规定总统不再由议会议员选出,而是通过公民直接投票选出,投票仍采取两轮多数制的方式。经过2000年全民公决后,总统任期由7年改为5年,仍是最多连任两届。

国民议会选举改为选区单记名两轮多数制。两轮多数制指在选举中必须获得多数选票才能当选。在第一轮中选举中获得超半数选票且不低于登记选民票数四分之一者可直接当选,否则要举行第二轮选举。在第一轮投票中获得不少于12.5%选票的3—4个候选人才有资格进入第二轮选举,在第二轮投票中获得较多选票的候选人或政党当选。这种方式对于大党十分有利,小党

---

① PIONCHON S,DERVIELLE G.Les femmes et la politique[M].Grenoble:Presses Universitaires de Grenoble, 2004:22.

派获得席位的几率很低。所以在第二轮选举前,许多小党会退出选举转而支持左右两大政党中的某一个,也会号召自己的选民改投某一个政党的候选人。

参议院的选举较为复杂,采用间接投票的方式,各省组成选举团参与选举。参议院的席位根据各省人口比例进行分配,占有3个及以上席位名额的省采用比例代表制和名单投票的方式,席位在两个及两个以下的省采用两轮多数制的方式。因此参议院的选举方式是一种混合选举方式。

大区选举也是通过混合选举制和名单投票的方式进行的。在第一轮投票中,获得超半数选票的候选人名单可分得四分之一的席位,剩下四分之三的席位则按照得票比例分配给所有获得不少于选票5%的参选名单,包括获得超半数选票的名单。若没有名单在第一轮中获得超半数选票,那么就要进入第二轮投票。只有在第一轮中获得不少于选票10%的名单才能进入第二轮,不符合条件的名单可以与其他的名单合并重组,共同参选。第二轮投票中获得较多选票的名单可分得四分之一的席位,剩下四分之三的席位将按得票比例分配给所有参选名单。

省议会选举采取的单记名两轮多数投票制的方式一直沿用到2012年。2013年省议会选举改革,采取了全新的"双记名两轮多数投票制"的方式,每个议席的候选者不再是一名,而是一男一女两名搭配参选,并且每个候选者的替补也要跟自己性别相同。每个议席的当选者也是一男一女两名议员,分别独立行使各自的职权。① 这种方式实质上保障了选举结果中的性别均等。

市政议会选举制度则经历了多次改变。1959年2月颁布的关于市镇议员选举的法令(Ordonnance n°59-230 du 4 février 1959 relative à l'élection des conseillers municipaux des communes de la métropole, des départements

---

① Vie publique. Quel est le mode de scrutin pour les élections départementales ? [EB/OL]. (2018-04-26) [2018-05-30]. https://www.vie-publique.fr/fiches/20176-le-mode-de-scrutin-pour-les-elections-departementales.

d'outre-mer et d'Algérie)规定,在居民不足 120,000 人的市镇依然实行多数制投票方式,其他市镇通过名单投票的方式实行一轮比例代表制投票方式。到了 1964 年,比例代表制被彻底取消,改为在所有市镇都实行两轮多数制,但根据市镇居民人数的多寡,投票方式略有不同:在居民不足 30,000 人的市镇实行同第四共和国一样的多数制,采用混合圈选的名单选举方式;而在居民 30,000 人以上的市镇则不能对名单进行修改。1982 年,法国再次对市政选举制度进行了改革,以 3,500 人为界限对市镇进行了划分:在居民少于 3,500 人的市镇依然实行混合圈选的两轮多数制;在居民数超过 3,500 人的市镇恢复了比例代表制。这两种制度延续至今,但在 2013 年更新了市镇划分标准,改为以 1,000 名居民为分界线。20 世纪 70 年代开始,妇女在市镇议会中的比例才逐渐增加,但在 2000 年以前依然处于较低水平。

综上所述,第五共和国选举制度进行了多次改革,逐渐从比例代表制向两轮多数制转移,更多采用了名单投票的方式,也开始重视选举平等问题。在两轮多数制主导的选举方式下,政党所提出的候选人名单中的女性候选人比例和女性候选人参选选区的政治倾向,对女性候选人参选的结果产生了直接的影响。2000 年以前,尽管左派政党中能保证一定的女性候选人比例,但女性候选人的政治基础和群众基础相比于男性候选人往往较薄弱,而且常被派往本党派影响力较小的不利选区。在两轮多数制的投票方式下仍然无法大幅度提高当选几率,导致妇女在各级选举中参与度依然较低,当选比例与男性相距甚远,因此通过立法来保障妇女的选举权利的呼声在 20 世纪 90 年代达到了顶点。

第二节 关于配额制的争论

法国妇女自从获得选举权后,就一直在为改善自己的参政情况而奋斗。

到了20世纪70年代，妇女在各级议会中的比例依然低下的状况引起了女性主义者和妇女政治人物们更多的重视。她们联合起来，开始寻求一种有效的方式来保证妇女在政治生活中占有较高的比例。配额制在这一时期被提上了法国提高妇女参政水平的议事日程。

一、20世纪七八十年代的努力和失败

配额制是指在选举中通过强制性措施来保证一定比例的女性候选人的数量，它的核心思想是："通过人为规定一个比例数，来确保有一定比例的妇女参加政治活动，防止政治活动只成为男性的专利，或者只有极少数妇女参与政治，使妇女参政成为现代政治中的装饰品。"[1]实行配额制有两种途径，一是通过国家立法，二是通过政党制定并实施相关措施。1975年，在墨西哥举行的首次联合国妇女大会提出的建议中就包括了关于配额制的措施。

当时法国呼吁实施配额制的力量大致可分为两类：第一类为女性主义组织，如为争取选举权而成立的法国国家妇女委员会和公民与社会妇女联盟。这些组织在每次选举前都会积极活动，鼓励妇女参与选举，也动员支持者们加入它们的运动，并寻求使用一些强制手段，如配额制，来保障妇女的参政比例。成立于20世纪70年代的"选择妇女事业"组织，其成员在1978年的议会选举中提出要提高妇女在政治生活中的地位，在各政党中实行配额制，然而相关设想在当时并没有被广泛接纳。[2] 第二类是各党派中的女性主义者，她们从20世纪70年代开始就要求实行配额制，以增加妇女在政党领导层和选举中的比例。绿党的前身——20世纪70年代活跃于政界的名为"彩虹"的政治团体，

---

[1] 张迎红. 试析欧洲国家提高妇女参政的"最低比例制"[J]. 欧洲研究, 2004(3):117-128.
[2] BERENI L, REVILLLARD A. Des quotas à la parité: "féminisme d'État" et représentation politique (1974-2007)[J]. Genèse, 2007(2):8.

则是法国第一个将性别平等融入内部运行机制的政治团体。①

配额制的提出本是为了在选举中保证妇女的参与比例,但在当时并未得到一致赞同,虽然有很多女性主义者为之进行过活动和努力,但其中也不乏反对的声音。伊薇特·鲁迪在采访中就表示,当她在社会党中努力推行配额制的时候,她所有的女性朋友都不支持她,连妇女民主运动的创立者及领导者玛丽-泰蕾兹·埃康和科莱特·奥德里(Colette Audry,1906—1990)这样的女性主义者也不支持她,甚至反对配额制。②

随着支持配额制的各界人士的积极活动,配额制在社会党内最终得以实施。1974年,社会党领导层决定在组织内各层级以及名单比例代表制选举中为女党员设立10%的配额。1977年,该配额提高到了15%;1978年,该百分比上升到30%。在1979年的党代表大会中,三位女党员——弗朗索瓦丝·加斯帕尔、塞西尔·戈尔代(Cécile Goldet),以及埃迪特·吕利耶(Édith Lhuillier)提出,在接下来的欧洲议会选举中,社会党推出的女候选人应该占总人数的50%。这项在当时看起来非常大胆的提议最终被修改成女候选人占比30%而得以通过。然而,这个配额的贯彻并不尽如人意——在1984、1986和1989年的欧洲议会选举中,社会党的女候选人都没能达到这个比例。右翼政党的妇女们也试图要求实行配额制。比如1979年保卫共和联盟宣布在名单投票中实行30%的配额制。可以说,法国配额制的出现和使用最早是通过政党内部机制而不是通过国家立法的方式实现的。此外,这一时期讨论的核心问题围绕计算比例的方式展开,即妇女在选举中应该占据多大的比例?配

---

① Le problème de la construction du quota [EB/OL]. (2018-05-30)[2019-03-12]. http://controverses. mines-paristech. fr/public/promo13/promo13 _ G25/www. controverses-minesparistech-7.fr/_groupe25/index0137.html? pageid=106.

② Le problème de la construction du quota[EB/OL]. (2012-12-21)[2018-05-17]. http://controverses. mines-paristech. fr/public/promo13/promo13 _ G25/www. controverses-minesparistech-7.fr/_groupe25/index0137.html? pageid=106.

额应该反映妇女在人口中的实际比例还是党派中女党员的比例？由于各大党派内部不论是在党的机构还是在候选人名单方面都没有成型的做法，实际制定配额时缺乏参照，因此左右派的努力均处于试探阶段。

  在国家立法层面，女性主义者们的努力在20世纪80年代也没有取得成果。墨西哥妇女大会举行之前，时任法国妇女地位国务秘书的弗朗索瓦丝·吉鲁组建了一个工作组，旨在提高妇女在政治、经济体系以及职场中的地位。在工作组的反复商议下，吉鲁于1975年提出修改现有的选举法，提议选举中任何一个性别的候选人不得超过总选举人数的75%，但此提议没有被政府采纳。到了20世纪70年代末，随着配额制呼声的高涨，当时负责妇女地位及各项权益事务的莫尼克·佩尔蒂耶在1979年1月31日的部长会议上推动通过了"五项利于妇女的措施"，第一项就要求在名单比例代表制选举中，规定妇女至少拥有20%的配额。作为法国民主联盟党员的她，也是右翼党派中最早主张选举配额制的妇女之一。但这项举措仅是"临时的""处于试验阶段的"且"自愿的"，在新闻界和宪法学家中引起了一些争论。这些提议在各大妇女运动中也没有得到重视，因为后者在当时更为关注妇女就业平等问题。因此，尽管该项草案在1980年11月19日通过了国民议会的首次宣读，但最终也未能进入参议院讨论的程序。

  1981年的总统大选中，弗朗索瓦·密特朗提出了"110项建议"（110 propositions），其中第47条内容为："在国民议会、大区议会、市政和9,000人以上的市镇选举中采取名单比例代表制，并且每一份代表名单中都要至少有30%的女性候选人。"这一提议在当时为密特朗赢得了许多女性主义者的支持。但无论是竞选中还是当选后，他都没有提出具体的方法和措施来实现这一配额提议。再加上当时的妇女权利部的主要工作集中在实现就业平等上，政治参与和选举相关立法问题尚未引起足够重视。1982年，国民议会女议员吉赛勒·哈利米正式提出修正案，要求在市政选举中为女候选人确立30%的配额。虽然该提案并未取得成果,但经过艰难的辩论后,国民议会多数通过了社会党提出的另一个配额为 25% 的修正案。该法案通过时并未引起激烈的争论,但在同年 11 月却遭到宪法委员会的批评。委员会指出该修正案不应该将选民和候选者进行性别上的区别,此举妨碍了选举自由、表达自由和国家主权,因而违背了宪法第 3 条和第 6 条的相关规定,宪法委员会决定废除修正案。反对这一决定的人士则声称,配额制不是一个宪法问题,而是一个政治现实问题,是实现妇女权利的一项措施。[1] 此后,20 世纪 80 年代未出现其他相关配额制的立法提案,以及关于配额制和均等化的运动都没能超越激励机制达到立法层面。弗朗索瓦丝·加斯帕尔、西蒙娜·韦伊等著名政治人物对性别均等化呼声的支持也未能换来实际的措施和立法。此外,各党派内部对采取强制措施保障均等化也表现得较为抵触。

二、20 世纪 90 年代争取性别比例均等的运动

到了 20 世纪 90 年代,通过国家立法的方式保障妇女参选成为女性主义者们的集中诉求。"男女均等"(parité)的提议实际上就是要求选举中男性和女性占比平衡,倡议者们认为这一提议摒弃了之前将妇女限制在某一个比例上的配额制,着眼于解决性别差异与抽象的个人主义之间的关系问题。而在反对者的眼中,这仍然是一种不考虑能力只重视数量的配额制。

欧盟机构在这一时期进行了一系列促进妇女发展和提高妇女地位的行动,对法国妇女争取政治参与平等的行动产生了积极的影响。基于对决策岗位上妇女缺失问题的重视,1992 年在布鲁塞尔成立了"决策机制中的女性"欧洲网络,负责搜集成员国妇女发展的信息,其中尤为重视妇女竞选公职问题。在欧盟国家中,法国妇女参政比例相对落后的事实也进一步激发了法国女性

---

[1] SCOTT J W. Parité ! L'universel et la différence des sexes[M]. Paris: Bibliothèque Albin Michel Idées, 2005:77.

主义者要求通过立法实现男女均等的呼声。1992年11月,首届欧洲女领导人峰会(European Summit of Women in Power)在希腊雅典举行。会议结束时,来自欧洲各国的20名女领导人共同签署了《雅典宣言》,正式提出推动性别平等需要依靠各成员国在国家权力机构施行性别配额制度来实现。这个宣言的意义在于它使人们意识到了性别不平等是对妇女才能的浪费,而且妇女在政坛上的缺席也与欧洲各国推行的民主平等原则相悖。《雅典宣言》签署之后,许多欧洲国家都开始认真讨论如何能够更好地发挥妇女的才能为国家发展作贡献,并且积极推动妇女进入国家各级权力机构。

1992年,弗朗索瓦丝·加斯帕尔、安娜·勒加尔(Anne Le Gall)和克洛德·塞尔旺-施赖伯(Claude Servan-Schreiber)在其共同出版的著作《赋权女公民! 自由,平等,均等》(Au Pouvoir Citoyennes! Liberté, Égalité, Parité)中呼吁颁布一项关于均等的法律来解决选举中的性别平等问题。[①] 她们要求在法律中明文规定"不论在地区级别还是国家级别的议会中,妇女人数应与男性人数相等"。弗朗索瓦丝·加斯帕尔还提出,性别配额制度的目的不仅在于提高妇女的政治地位,同时也符合法国自由平等的国家理念,因为性别平等本身就是民主的必要条件。加斯帕尔并没有像之前诸多推动妇女参政的政治家那样强调妇女能为法国政坛带来同男性"不一样的""独特的"视角。而是强调如果没有了妇女的参与,法国政治只是代表了一部分人的政治,而这样的政治就不是民主的政治。此外,她还提出,政治权利和社会生活中的权利是相辅相成的。如果妇女在政坛上没有一席之地,她们在社会生活中也同样无法获得和男性公民平等的权利。加斯帕尔年轻时曾就读于巴黎政治学院,在法国国家科学研究中心以及法国社会科学高等学院任职,并于1973年加入社会党。她早年从事过外来移民和城市社会学的研究,也是法国维护同性恋权利的先驱人物

---

① GASPARD F, SERVAN-SCHREIBER C, LE GALL A. Au pouvoir citoyennes! [M]. Paris:Liberté, Égalité, Parité,1992:Seuil.

之一。步入政坛后,她出任过德勒市(Dreux)市长,作为厄尔-卢瓦尔省代表当选过国民议会议员,并担任过联合国妇女地位委员会的法国代表。她和安娜·勒加尔以及克洛德·塞尔旺-施赖伯的这本著作在当时的法国政坛引起了巨大反响。随后的几年,她们的呼吁通过研讨会、游行、请愿和出版物等方式不断传播扩散。不少在法国政坛上活跃着的女政治家都公开表示支持性别配额制度,其中包括法国前总理克勒松。时任卫生部部长的西蒙娜·韦伊也对此表示支持。她在 1994 年纪念法国妇女获得选举权 50 周年的讲话中表示对宪法委员会取消配额制的决定感到遗憾,并强调这一决定对于有关保障妇女平等参政权利的各项措施的提出和实施形成了法律阻碍。配额制逐渐成为政党和政界绕不过的话题。

与女性政治人物推动配额制的努力相呼应的是同期涌现出的一些新兴的女性主义组织。1992 年 3 月成立的"男女均等组织"(Parité)是法国历史上第一个完全以推动性别配额制度为宗旨的女性主义组织。它的创始人是雷吉娜·圣克里克(Régine Saint-Criq)。圣克里克是一直活跃在社会党内的一位女政治家。出于对 1992 年妇女在党内的低当选率的不满,她退出社会党,成立了这个不隶属于任何党派的女性主义组织。该组织的宗旨就是敦促各个政党推出更多的女候选人参加议会选举,并且向公众宣传妇女参政的重要性。伊薇特·鲁迪在 1992 年成立了一个名为"妇女集会"的组织,目的也是推动妇女参政。

这些女性主义组织联合起来组成了一个名为"妇女为均等而战"的联盟,并于 1993 年 3 月 8 日在国民议会组织了一次圆桌会议,商讨如何推动性别配额制度。同年 11 月,该联盟在《世界报》上刊登了一个署有 289 名妇女以及 288 名男性签名的《577 人平等民主宣言》,呼吁法国政府用法律手段保障妇女的参政权。577 是一个象征性的数字,它代表着国民议会全部议员的数量;289 名妇女和 288 名男性的签字则代表着联盟对于政治上性别平等的希望。

左派和右派最活跃的女政治家都在上面签了名,比如,右派国民议会议员、保卫共和联盟党员罗斯林·巴什洛(Roselyne Bachelot)①,弗朗索瓦丝·吉鲁等人,左派女政治家又时任国民议会议员的社会党员于盖特·布沙尔多,以及伊薇特·鲁迪等。此外,签字的还有许多女学者以及女性主义者。

1994年4月,为了纪念法国妇女获得投票权50周年,妇女集会组织联同30多个女性主义团体召开了讨论妇女与政治的"三级会议"(États Généraux des Femmes)。该会议由安托瓦妮特·富克于1989年发起,目的便是推动妇女参政,同时促进法国社会与政治的民主化。富克出生于1936年,她是一位精神分析学家,同时也是政治家,是法国妇女解放运动的代表人物之一。1994—1999年间,她还作为法国左翼激进党的代表出任了欧洲议会议员。此次三级会议后,法国大量的女性主义组织都参与到了推动性别配额制度的运动中来。当时,社会党、共产党、公民运动党②、工人斗争党③等左翼政党纷纷决定在1994年的欧洲议会选举中施行均等的性别配额制度,绿党更是决定把这项制度贯彻到党内外其他的选举中。

1995年,法国国家妇女委员会借总统大选之机号召候选人重视选举平等问题,并成功说服爱德华·巴拉迪尔、雅克·希拉克和利昂内尔·若斯潘,获得了他们的支持。这3个人之所以表示支持,在不同程度上也是因为竞选的需要。在竞选时,以男女均等为诉求的组织纷纷呼吁支持这3位候选人。希拉克当选总统后,成立了性别平等观察所,旨在关注涉及妇女地位和妇女发展的各个方面,其中也包括促进妇女参政比例的提高。这个国家机构的建立某

---

① 罗斯林·巴什洛当时作为曼恩-卢瓦尔省(Maine-et-Loire)的代表出任国民议会议员。2002—2004年间,她曾出任环境部部长。2007—2010年间出任卫生与体育部部长。
② 公民运动党成立于1993年,是社会主义教育及研究中心(Centre d'Études, de Recherches et d'Éducation Socialiste, CERES)中的知识分子组成的左翼政党。
③ 工人斗争党是法国目前最大的极左翼政党。该党成立于1939年,正式名称为共产主义联盟(Union communiste),是托洛茨基主义政党。"工人斗争"是该党党报的名称,人们便经常对其以报名混同党名称呼。

种意义上显示出法国终于从国家层面上开始重视选举中的性别平等问题,并开始采取行动。1996年,性别平等观察所展开了关于阻碍妇女提高参政水平问题的调研,要求国民议会研究修宪问题和实施配额的可能性。同年,10位法国妇女政治人物发表了《十人宣言》[①],敦促法国各政党推动妇女参政,推动反性别歧视的立法。曾经为克勒松撰写传记的伊丽莎白·谢姆拉(Elisabeth Schemla)认为,《十人宣言》的起因是1995年的一次政府重组,1995年6月,阿兰·朱佩(Alain Juppé)内阁的42名成员中有12名妇女,占比28.5%,比例大大超过了之前的内阁;然而11月的政府重组中,离开内阁的12人当中有8位女性,妇女比例降至12.7%。[②]

实现参政性别平等的立法首先需要符合宪法精神。随着社会党在1997年立法选举中获胜,法国开始了左右共治,修改宪法和制定相关法律以保障妇女选举平等真正进入了实现阶段。1999年的修宪为相关法案的通过铺平了道路。该次修宪对宪法第三条和第四条进行了修改。第三条增加了一项内容,即"法律促进妇女在选举中与男性享有平等的权利";第四条增加的内容则为,"它们(指所有政党)根据法律规定的条件为实现第三条最后一项内容所提出的原则做出努力与贡献"。

第三节 《男女竞选公职平等机会法》的推出和实施

2000年的《男女竞选公职平等机会法》是法国促进男女政治平等的重要立法,该法的顺利通过与颁布不仅是各方努力的结果,也是民意所向。法国民

---

① 这10位妇女政治人物是:米歇尔·巴尔扎赫(Michèle Barzach),弗雷德里克·布勒丹(Frédérique Bredin),埃迪特·克勒松,埃莱娜·吉瑟罗(Hélène Gisserot),卡特琳·拉吕米埃(Catherine Lalumière),韦罗尼克·尼尔茨(Véronique Neiertz),莫妮克·佩尔蒂耶,伊薇特·鲁迪,卡特琳·塔斯卡(Catherine Tasca),西蒙娜·韦伊。
② BERENI L.La bataille de la parité[M].Paris:Economica,2015:221.

意测验的权威机构"公共舆论研究所"(IFOP)的一项民调显示:自1996年5月,74%的法国人都赞成并要求政党的选举名单中男女候选人数量一致。如此强烈的民意对立法起到了不容小觑的推动作用。①

2000年6月6日,《男女竞选公职平等机会法》正式颁布,法国成为了世界上第一个通过立法确立选举中均等性原则的国家。法案在议会投票时只有一票反对,几乎是全票通过。需要说明的是,这一高票通过的结果,并不表明议员对于法案的内容没有争议,而是对于性别平等这一原则本身的支持。

一、2000年《男女竞选公职平等机会法》的主要内容

事实上,类似的法律在欧洲也有先例,那就是比利时在1994年5月24日颁布的《促进男女选举资格平等分配法》。该法律适用于比利时国内所有选举,要求所有的候选人名单中同性别的人数不能超过三分之二。而在法国,不同的选举采取的投票方式是不一样的,2000年的《男女竞选公职平等机会法》主要针对名单投票的方式,且在促进"均等化"上较比利时的法律更进一步。

《男女竞选公职平等机会法》规定,在名单投票中,每一轮选举前各党派都必须公开候选人名单,名单上男性和女性候选人人数差异不得超过1人,每六人一组的候选名单中必须男女各占一半,且候选人要按不同性别交替排列(在最初的草案中并没有按男女交替排列候选人的要求,后因女性主义者和女议员们的呼吁而添加),避免将同一性别的候选人集中安排在名单的前列或后列,保障当选结果中的男女比例。名单公开时须写清每位候选人的姓名、性别、出生日期、住址和职业。

由于法国使用名单选举方式和单记名选举方式,具体到不同选举又有一

---

① Haut Conseil à l'Égalité entre les femmes et les hommes. GENISSON C. La parité entre les femmes et les hommes : Une avancée décisive pour la démocratie[EB/OL]. (2002-01-17) [2018-05-30]. http://www. haut-conseil-egalite. gouv. fr/IMG/pdf/rapport-parit13f8.pdf.

定差异,所以该法案对于不同的选举有不同的适用度。

第一,该法案适用于欧洲议会中法国议员的选举和至少拥有3个议员名额的省的参议员选举中,并严格要求名单上的候选人男女交替排列。欧洲议会选举始于1979年,每五年举行一次。法国代表的选举采用名单投票的方式进行,法国参议院的选举是通过间接投票的方式进行的,由各省组成选举团参与选举。参议院的席位也是根据各省的人口比例划分的,席位在3个以上的省采用名单投票的方式。

第二,该法案适用于居民人数超过3,500人的市政选举和大区选举,但是对候选人的排列顺序规则较为灵活一些,法案仅要求每6人一组的候选名单中男性和女性候选人的人数必须相等,以使在进入第二轮时方便名单重组。这两种选举都采用两轮制名单投票的方式,第一轮中若有获得超过50%选票的名单可直接当选,否则,获得超过10%选票的名单均可进入第二轮投票。在第二轮投票过程中,候选人名单是可以更改的。未能进入第二轮投票但在第一轮中获得不少于5%选票的名单可以与进入第二轮的名单合并,但第一轮中位于同一名单中的候选人在第二轮中也只能都在同一名单上。名单更改后,候选人的顺序也应相应做出调整。

对于单记名投票,《男女竞选公职平等机会法》未做出相应规定,只是采取鼓励措施,实施范围也仅限于立法选举,并不涉及其他使用单记名投票的选举。所以,总统选举并不受该法的制约。

《男女竞选公职平等机会法》的另一重大举措是将选单的性别比例与政府对政党的资助挂钩。该法律规定,政党实施性别平等条款方可获得第一批次公共资金的完全拨款。国家对政党的第一批次补贴是按第一轮得票的比例发放给在本轮中候选人多于50个的政党的。如果某一政党或政治团体在选举中的男女候选人数量差距在2%以上,就会失去等同差额一半百分比的资金支持;若这个差距达到了100%,即候选人都为男性,该党派则会失去一半的资金支持。

该法的实施大幅度提升了在市政议会、大区议会和欧洲议会中的女议员比例,但是并没有对掌握实际行政权力的市长等行政机构领导人的性别比例进行规定。同时,在单记名选举方式下,政党仍然可以通过不同候选人在不同选区的部署来控制当选议员的性别比例。在很多女性主义者眼中,这种财政处罚措施还不够严厉。

法律通过后,法国社会普遍表现出对该法的信心。性别平等观察所2002年的报告称,根据对各党派、各年龄段、各行业和各社会阶层的民众进行的调查发现,大部分受访者都表示支持《男女竞选公职平等机会法》,并对该法律的执行持乐观态度。在选举名单中位于首位的候选人中则有78%的人认为实现不同性别候选人数量均等不是难事,仅有22%的人认为实现起来有困难。①

此后,2003年和2007年法国相继出台了一些法律,对该法进行了补充和细化,使其在促进选举平等的道路上更进一步。

二、2003年的补充性改革

2003年法国接连颁布了几部法案,修改了法国的选举制度,当年4月11日出台的法案修改了有关大区选举和欧洲议会中法国代表选举的规则,7月31日颁布的普通法和关于参议员任期、参选资格、年龄以及参议院组成改革的《2003-696号组织法》(下简称《组织法》)修改了有关参议院选举的规则。这些改革的共同点在于加强选民和当选者间的联系,改革或通过在大区选举或欧洲议会选举中缩小选区规模的方式,或通过限制名单投票中固有约束的方式。

---

① Haut Conseil à l'Égalité entre les femmes et les hommes. GENISSON C. La parité entre les femmes et les hommes : Une avancée décisive pour la démocratie[EB/OL]. (2002-01-17) [2018-05-30]. http://www.haut-conseil-egalite.gouv.fr/IMG/pdf/rapport-parit13f8.pdf.

(一)大区选举和科西嘉议会选举

经过改革之后,大区选举中的候选人名单要划分成与该区所含省数目相等的分区,分配给每个名单的席位取决于最终的投票结果,即该大区最终获得的选票数量,而名单上每个分区所分得的席位取决于各省所获得的选票。因此列表中的候选人不再整体进行排名,而是在分区内进行排名。

这项改革使得《男女竞选公职平等机会法》中6人组内不同性别候选人数量应相等的规则难以继续保持"均等",因为大部分名单上的分区都很难得到6个席位,特别是在人口不多的省份。在这种情况下,为了保证"均等",对候选人的排列顺序做出了更严格的要求:名单上各个分区内的候选人应按照性别交替排列。

科西嘉议会选举本来按照2000年《男女竞选公职平等机会法》中相关规定进行,即6人组中不同性别候选人数量应相等,对候选人排列顺序未做严格要求。科西嘉本是作为一个完整的选区进行投票的,无须按省进行片区划分。但立法委员会在2003年4月3日的一项决定中指出,科西嘉与其他各大区间不应该存在差异,并要求在下一次议会选举中严格按照不同性别交替排列候选人的方式。继而在2003年12月18日通过了一项法案(*Loi n°2003-1201 du 18 décembre 2003*),规定在科西嘉议会选举中必须严格遵循均等的原则。[①]

(二)欧洲议会选举

自1979年第一次欧洲议会选举以来,都是以成员国整个国家作为一个选区,但法国属于特例之一。2003年改革之后,整个法国分成了8个选区,分别是:西北选区、西部选区、东部选区、西南选区、东南选区、中央高原—中部选区、法兰西岛选区和海外省选区。每个选区包括两个或多个大区,或是海外

---

① 科西嘉于1768年成为法国的一部分。在法国行政体系中,它具有特殊的地位,享受一定的自治权,与法国其他的大区(région)不同,它被称为"科西嘉地方行政区"(Collectivité territoriale de Corse)。

省。2003 年的改革对于候选人的排列顺序未做出更改,即严格按照不同性别交替排列。

但由于每个选区内投票和席位的分配都是按照比例制进行的,因此每份名单都很难得到 3 个以上的席位。所以,真正重要的是每份名单中首位候选人的性别,选举整体的均等性也取决于此。

(三)参议院选举

法国国民议会议员的选举通过单记名多数两轮投票制的方式进行,因此《男女竞选公职平等机会法》只能从经费上进行更改,而不是从选举过程上对其做出性别均等的要求。而参议院的选举则采取间接选举的方式,以省作为选区,各省根据人口多寡分得不等的席位。在所占席位不多于 2 个(含 2 个)的选区,同国民议会选举一样,采用单记名多数两轮投票制的方式;在所占席位不少于 3 个的选区,则采用名单投票和比例代表制的方式。在采用名单投票的情况下,《男女竞选公职平等机会法》才能通过法律要求保障性别比例均等。

在 2000 年《男女竞选公职平等机会法》颁布之后和 2003 年改革之前,如上文所说,席位不少于 3 个的省份采用名单投票的方式,321 位参议员中有 224 位便是通过这种方式选出的。出于对人口方面的考虑,2003 年 7 月 31 日颁布的《组织法》新设了 25 个席位,分给人口较多的几个大省。这样一来,通过比例代表制选出的参议员数量随之增加。于是,该法案将进行名单投票的门槛由最少拥有 3 个席位提高至最少拥有 4 个席位。改革后,参议员总人数为 346 人,其中 180 位议员通过名单投票的方式选出,因此实际上通过名单投票选出的议员比例反而下降了不少,但《男女竞选公职平等机会法》仍适用于半数以上的议员选举。

另外,2003 年的改革还修改了参议员的任期,由原先的 9 年缩短到 6 年;改选也由以前的每次改选三分之一改为每三年改选二分之一,加快了参议院更新换代的速度,在一定程度上也推动了性别均等化的进程。

三、2007年的改革法案

2007年1月31日,法国又颁布了一项法案,从另一层面完善了促进选举平等的一系列法律。

该法案主要内容包括以下三点:(1)市政选举中副市长的选举、大区议会中副议长的选举以及常设委员会委员的任命都要遵循"均等"的原则,即都采取名单投票的方式,且候选人应按不同性别交替排列,男女候选人总人数差异不得超过1。(2)省议员选举中引入"搭档配对"机制,即每位候选人都要配有一名不同性别的替补者,在原议员死亡或辞职的情况下接替他的工作。议员替补者(suppléant)必须与其性别不同。(3)在名单选举中,若不同性别候选人数差异超过了名单总人数的2%,相关政党会失去该差额占总人数比例四分之三的补贴金额。

该法案在2000年《男女竞选公职平等机会法》和2003年改革的基础上,使男女选举平等的法律机制得到了细化和完善,除了将居民人数少于3,500人的市镇和省议会选举也纳入强制实行"均等"原则的范畴外,还加大了处罚力度,将减少的补贴金额的百分比由原来的男女候选人数量差异占总人数比例的二分之一提高到了四分之三。这些措施促进了选举平等化的进程,使4,000多名妇女能够进入她们过去鲜少涉足的大区选举当中。尽管如此,该法起到的效果还是十分有限。在省议员的选举中,大部分当选者依然是男性,女议员的比例没有得到显著的提高,缩减补贴对政党的威慑力不足。

四、财政惩罚机制

《男女竞选公职平等机会法》采取了调整对政党公共财政补贴的方式,以促进各政党积极推选女候选人参加选举。具体方式是根据男女候选人数量差异对第一批次补贴进行相应的削减。

政党的运作和各项选举活动都需要资金支持,法国政党的资金来源分为两类:国家的财政资助和私人的捐款。1988年3月11日颁布的《政治生活财政透明法》建立了对政党进行公共补贴的制度。国家对政党的财政补贴每年发放,分为两个批次。

第一批次补贴是指在最近一次的国民议会选举中,如果一个政党或政治团体在法国本土超过50个选区都推出了候选人,并且每个候选人都在其所在选区获得了至少1%的选票,或者在任一海外省的选区推出了候选人,并且在第一轮获得至少1%的选票,那么该政党就可以获得公共财政补贴。补贴根据政党在第一轮选举中获得的票数按比例发放。每个议员只能隶属于一个政党或政党团体。

获得了第一批次的资助并在议会中也成功获得席位的政党或政治团体则有资格获得第二批次的补贴。补贴金额根据议会中所占席位按比例分配。

《男女竞选公职平等机会法》颁布后,若政党或政治团体未按规定推出同等数量的男女候选人,且二者之间人数差额超过候选人总数的2%,则会削减第一批次的补贴,减少的金额比例为该差额占候选人总数比例的二分之一。经过2007年的改革后,削减的补贴金额比例由二分之一提高到四分之三,加强了财政惩罚力度,以敦促各政党实施《男女竞选公职平等机会法》。

财政惩罚机制实施之后,在2007年的立法选举中,除了严格践行男女候选人数量相等原则的绿党补贴未受削减外,其他各大政党的补贴多多少少都受到了影响。右翼政党法国人民运动联盟就失去了第一批次补贴中的23.9%;左翼激进党、社会党和法国共产党分别损失了17.6%、4.8%和3.5%;中间党派民主运动党第一批次补贴减少了13.8%。但实际上,该财政惩罚机制的力度和效果都十分有限:法国人民运动联盟获得了3,334万欧元的补贴,惩罚金额约为414万欧元,仅占总额的12.4%;社会党补贴总额约为2,321万欧元,惩罚金额约为 52 万欧元,占 2.2%;民主运动党补贴总额为 400 万欧元,惩罚金额约为 45 万欧元,占 11.1%;法国共产党补贴总额约为 376 万欧元,惩罚金额为 6.8 万欧元,占 1.8%;左翼激进党补贴总额约为 125 万欧元,惩罚金额约为 11 万欧元,占 8.6%。①

五、《男女竞选公职平等机会法》的执行情况

由于投票方式不同,这些促进选举平等的法律起到的作用也不尽相同。在名单投票中,对于候选人总人数以及排列顺序的性别均等要求更为严格,因此在采取此种投票方式、居民超过 3,500 人的城市市镇选举、大区选举和欧洲议会选举中,男女均等能够成为现实。

(一)名单选举

《男女竞选公职平等机会法》在 2000 年一经生效,就迅速在 2001 年和 2008 年的市政选举中取得了非常显著的效果:在居民多于 3,500 人的市镇中,女议员的比例从 1995 年的 25.7% 上升至 2001 年的 47.5% 和 2008 年的 48.5%;②所有市镇议会中女议员所占比例也从 1995 年的 21.7% 上升至 2001

---

① Assemblée nationale de France. Rapport d'information fait au nom de délégation aux droits des femmes et à l'égalité des chances entre les hommes et les femmes sur la proposition de Loi (n° 2422) de M. Bruno le Roux et plusieurs de ses collègues visant à renforcer l'exigence de parité des candidatures aux élections législatives, par Mme Pascale Crozon, députée [EB/OL]. (2002-01-25) [2018-05-30]. http://www.assemblee-nationale.fr/13/rap-info/i2507.asp.

② Sénat de France. Rapport d'information fait au nom de la délégation aux droits des femmes et à l'égalité des chances entre les hommes et les femmes sur l'impact pour l'égal accès des femmes et des hommes aux mandats électoraux et aux fonctions électives des dispositions du projet de loi, modifié par l'Assemblée Nationale, de réforme des collectivités territoriales (n° 527, 2009-2010), par Mme Michèle ANDRÉ, sénatrice [EB/OL]. (2010-06-10) [2018-05-30]. http://www2.senat.fr/rap/r09-552/r09-5520.html.

年的33%和2008年的35%。① 可以看出,在居民少于3,500人的市镇中,由于《男女竞选公职平等机会法》并未对候选人的性别比例均等做出要求,因此女议员所占比例仍保持较低水平,加上人力资源等因素使得平等选举的空间更为受限。而在严格执行均等选举原则的居民总数在3,500人以上的市镇中,妇女参政情况改善显著,女议员的比例已接近50%的理想值,说明该法的执行情况和实际效果都较为理想。

但是,尽管上文中提到的2007年的改革要求在副市长的选举中也遵循均等原则,女性当选市长的比例依然很低。2008年,5,100余名女性当选市长,仅占全国市长总人数的13.9%。尤其是在居民超过3,500人的市镇中,女市长的比例不足10%。此外,各候选人名单中妇女也很难占得首位,83.5%的名单首位候选人都是男性。在最近一次,即2014年的市镇选举中,女性候选人比例达到了40.3%,然而当选的市长中仍只有16%为女性。② 可见,在努力保障平等选举的大环境下,妇女在市政选举中的当选比例虽然得到了一定的保障,但仍难以获得重要职位,选举平等的推进仍存在重重障碍。

《男女竞选公职平等机会法》在大区选举中取得了不错的成效。1998年至2004年期间,大区议员中女性所占比例从27.6%提升至47.6%,有些大区甚至超过了50%。在大区议会中,女性副议长的比例在2004年为37.3%,经过2007年的改革后,2010年妇女副议长的比例已达到了45.2%,在某些大区中甚至超过了50%。常设委员会中女性委员的比例也达到了48%左右。在大区的各行政机关中,女官员的比例也大幅度提升,达到了48.1%。然而,同市政选举的情

---

① Ministère de l'Intérieur de France. Dossier élections municipales 2014 [EB/OL]. (2014-07-29) [2018-05-30]. https://www.interieur.gouv.fr/Archives/Archives-elections/Dossier-elections-municipales-2014/Annexe-4-Nombre-de-conseillers-municipaux-selon-la-population-de-la-commune.
② 数据来源于法国内政部网站:https://www.interieur.gouv.fr/Archives/Archives-elections/Dossier-elections-municipales-2014/Annexe-4-Nombre-de-conseillers-municipaux-selon-la-population-de-la-commune。

况类似,女性难以占得名单首位,仅有两名女性在大区议会中担任议长。

欧洲议会的选举是各类选举中妇女参与度最高的,均等化的推行也十分顺利,被视为男女平等选举的范例。在2009年的大选中,妇女当选比例达到了44.4%,超过了欧洲平均水平(35%),位列第五。

(二)单记名投票

虽然《男女竞选公职平等机会法》鼓励促进在各类选举中改善女性参政状况,但只对名单选举做出了具体要求,因此不难理解在单记名投票中,尤其是在立法选举当中性别均等化的推进较为缓慢。立法选举采取单记名多数两轮投票制,第五共和国时期女性议员的比例一直很低,到1997年仍仅为10.7%。《男女竞选公职平等机会法》生效后,在有利于女性参政的大环境下,立法选举中女性候选人的比例有所增加,但是女议员当选的比例仍增长缓慢,2002年增长至12.3%,到了2007年也仅为18.5%,远不如名单选举的效果。许多政党甚至宁愿接受削减补贴的惩罚,也不愿帮助、培养女性成为国民议会议员。2012年,国民议会中女议员的人数增长至155人,约为议员总数的26.8%,较前一届相比有了较为明显的增长。到了最近的2017年议会选举,女议员数量达到了历史最高的226人,占比接近40%。

尽管在部分选区采取了名单投票的方式,参议院中女性的比例依然较低。2001年,女性参议员仅为35人,占总人数的10.9%,经过2003年的改革后,女性参议员的比例增长至16.9%,且一直呈上升态势。2008年至2014年间,女性参议员比例由21.9%上升至22.1%。到2017年,347位参议员中有110位为女性,占总数的31.7%。

在省议会中,女性比例一直较低。2007年的改革引入了替补制,但该法却未起到实际效果,因为女性更多地被安排在替补的位置。在2008年的选举中,男性议员比例高达79.1%。直到2013年改革采取了全新的"双记名两轮多数投票制"的方式后,这一情况才得到改善,并通过每个议席选出一男一女两名当选者,真正实现了均等化。

(三)各党派的执行情况

各党派对于《男女竞选公职平等机会法》的执行情况也各不相同。以立法选举为例,尽管该法已经生效,但罚款激励的方式并未起到显著作用,各党派对于执行均等原则显得犹豫不决。

在新法的影响下,女性候选人的数量确有增加,但仍未达到均等水平。在2002年的立法选举中,纵观主要政党,绿党候选人中妇女比例最高,为48.9%,且最终当选者中女性比例达到33.3%;其次是法国共产党,女性候选人比例达到43.6%,当选者中女性比例达到23.8%;传统大党社会党中女性候选人比例达到36%,女性当选者占比16%左右;人民运动联盟和法国民主联盟的情况最不理想,女性候选人占比都在20%左右,女性当选者比例仅为10.1%和3.4%。到了2007年立法选举时,各党派候选人均等化的情况都有所改善,其中依然是绿党候选人中女性比例最高,达到了50.4%,已实现均等化,但当选者中女性比例却有所下降,仅为25%;法国共和党中女性候选人比例也增加至48.2%,但同绿党的情况一样,当选者中女性比例下降至20%;社会党的候选人中女性占比46.5%,当选者中妇女占比25.9%;独立参加选举的极左党派虽然女性候选人比例仅为33.8%,但当选者中妇女比例却达到了57.1%,是唯一一个女性当选者多于男性当选者的党派;与之相反,人民运动联盟与法国民主联盟的组合(UDF-UMP)以及法国民主联盟和民主运动的组合(UDF-Modem)的联合候选名单当中,女性候选者的比例达到了27.9%和36.9%,但当选者却无一女性,全为男性;人民运动联盟候选名单中的女性候选人占比26.6%,女性当选者占比14.3%。[①]

---

① Sénat de France.Rapport d'information fait au nom de délégation aux droits des femmes et à l'égalité des chances entre les hommes et les femmes sur la proposition de Loi (n° 2422) de M. Bruno le Roux et plusieurs de ses collègues visant à renforcer l'exigence de parité des candidatures aux élections législatives, par Mme Pascale Crozon, députée [EB/OL]. (2010-05-11) [2018-02-26]. http://www.assemblee-nationale.fr/13/rap-info/i2507.asp.

2012年，依然是欧洲生态—绿党（由原绿党与其他政见相类的政治团体合并而成，2010年更名）表现最佳，女性候选者比例高达49.4%，可视作达到了均等水平，且当选者中女性多于男性，占比52.9%；左翼阵线与法国共产党的联盟以及极左政党中女性候选人比例仍保持较高水平，分别为48.2%和47.4%，但当选者中女性比例较低，仅为20%，极左政党这次无论男女都无人当选；社会党女性候选人比例为45.9%，女性当选者占比37.5%，较上一届相比有明显提升，且在传统大党中处于领先水平；人民运动联盟中的女性候选人比例在传统大党中仍处于垫底位置，仅为25.6%，这也使其损失了约600万欧元的政府补助，其女性当选比例也仅有13.9%；但值得一提的是极右翼政党国民阵线中女性候选人比例高达49%，女性当选者则达到了50%的均等水平，位列绿党之后。

综合来看，首先，左派政党对《男女竞选公职平等机会法》的执行情况好于右派政党。女性候选人平均比例一直保持在40%以上，女性当选者比例也有明显增长；而右翼政党中女性候选人平均比例却从未突破40%，女性当选者比例甚至有所下降。但对双方而言，女性候选人的比例都增长缓慢，左派从2002年的43%到2007年的45.5%，仅增长了2.5个百分点；右翼从2002年的35.4%到2007年的38.7%，也仅增长3.3个百分点。到了2012年，该比例甚至有所下降：左派减少了0.7个百分点，降至44.8%；右派减少了0.3个百分点，降至38.4%。其次，女性当选者比例依然低下：2007年，左翼女性当选者比例仅为26.9%，但到了2012年有了明显提升，增至36.7%；而右翼则是从2007年的13.2%降到了2012年更低的12.8%。①

2017年，法国共产党和绿党推出女性候选人的比例都超过了49%，基本

---

① Haut Conseil à l'Égalité entre les femmes et les hommes.Parité : une progression timide et inégalement partagée - Évaluation quantitative des dispositifs paritaires après les élections: législations des 10 et 17 juin 2012 [EB/OL]. (2012-07-25) [2018-02-26]. http://www.haut-conseil-egalite.gouv.fr/IMG/pdf/opfh_eleleg_rapt1-250712.pdf.

达到均等水平,获得了第一批次的全部补贴;国民阵线紧随其后,女性候选人比例达到了49%,仅失去了1.6%的补贴;其次为激进党、中间党、民主与独立派的联盟和社会党,它们推出的女性候选人比例分别为44.1%和42.6%,仅损失了第一部分补贴的8.9%和11.2%;共和党(原人民运动联盟,2015年更名)仍位列最末,仅有25.5%的女性候选人,未见明显增长,这也使其损失了第一批次补贴的36.8%,约占补贴总额的19%。[1]

由此可见,绿党、法国共产党和社会党对《男女竞选公职平等机会法》的执行情况较好,共和党和法国民主联盟中女候选人比例虽然有所增加,但远未达到理想的均等水平。此外,尽管该法使得女性候选者增加,但当选者中女性比例未受到显著影响,仍保持较低水平。即使存在惩罚机制,但仅对小党有震慑作用,因为它们大多难以在议会中获得较多席位,只能依靠第一批次的补贴;而对于一些大党,罚款金额对其运行和参选不构成决定性影响,因为它们还可以依靠第二批次的补贴,而且党费数量也远超小党派。

在其他采用名单投票的选举当中,各党派女性候选人比例都在45%左右,基本达到均等标准。其中左派政党中女性候选人比例略高于右派政党,但当选者中妇女比例依旧相对较低。

提高女性候选人比例仅是一种追求性别均等的方式,提高女性当选者比例才是《男女竞选公职平等机会法》的最终目标。该法实施已近20年,女性候选者比例达到均等水平尚未完全实现,惩罚机制对于一些大党来说没有足够的威慑力,各级选举中妇女当选者比例仍然存在差距,决策和领导职位上的妇女比例依旧远低于男性,不平等的现象依然存在。但不可否认,法国通过的一系列关于促进选举平等的法律和改革在地方议会选举中的成效尤为显著,尤

---

[1] Haut Conseil à l'Égalité entre les femmes et les hommes. Guide de la parité des lois pour le partage à l'Égalité des responsabilités politiques, professionnelles et socialistes[EB/OL]. (2017-11-15) [2018-02-26]. http://www.haut-conseil-egalite.gouv.fr/IMG/pdf/hce_guide_parite-version_longue_20171115-2.pdf.

其是在采用名单投票的选举中,女议员与男议员数量基本达到或接近均等水平。

六、关于《男女竞选公职平等机会法》的持续争论

这一系列旨在促进男女选举平等的法律从提出构想、进入实施直到今天,一直饱受争议。政治家和女性主义者们对该法的态度不尽相同。一直以来,以社会党为主的左派政党都对《男女竞选公职平等机会法》采取支持和推动的立场。社会党是法国最早实行配额制的党派,曾任第一书记的利昂内尔·若斯潘在弗朗索瓦丝·加斯帕尔等人的推动和协助下,将配额制的理念进一步发展,最终在其总理任期内推出了《男女竞选公职平等机会法》。法律颁布后,社会党积极配合实行,党内女性候选人的比例在法国主要大党中位居前列。《男女竞选公职平等机会法》也逐渐得到中间党派的支持。共和国前进运动的领导人、法国现任总统马克龙的新内阁中男女数量对半,表现出了对女性政治人物的重视和对平等原则的支持。其党派在2017年6月的立法选举中也推出了50%的妇女候选者,切实践行了《男女竞选公职平等机会法》。右派政党虽然一直对选举中性别均等的推行不甚热衷,态度上基本能够保持政治正确,但行动上却比较落后。而极右政党国民阵线则是唯一一个公开表示反对《男女竞选公职平等机会法》的政党,其现任领导人玛丽娜·勒庞多次在公开场合表示该法是"无意义的",妇女应通过自己的能力来获得职位,而不是通过法律的保护。

除了政界,在女性主义者当中也有许多不同的声音。法国著名女性主义社会学家和政治家弗朗索瓦丝·加斯帕尔是均等原则坚定的支持者和积极的推动者。她认为法国有必要从立法上保障妇女平等参加选举,因为在众多欧美国家中,法国较晚赋予妇女与男性平等的选举权和被选举权,且妇女议员比例一直处于欧洲末列,这一现象急需通过立法来改善。20世纪90年代配额

制陷入瓶颈之时,她是最早提出男女比例向均等转化的女性主义者之一,她还在自己的著作中提出这一观念,一时间在社会各界引发了巨大反响。作为若斯潘的好友,加斯帕尔积极向他介绍和传播均等制的理念,成功使其接受并推动通过了《男女竞选公职平等机会法》,让男女比例均等的设想成为现实,在国家法律的层面上保障了妇女平等参政的权利。同样身为女性主义者的著名作家和哲学家伊丽莎白·巴丹泰(Elisabeth Badinter)则反对《男女竞选公职平等机会法》,她认为这是为了实现平等的懒政。强制要求50%的候选人为女性违背了选举的普遍性原则,且这种人为将候选者按性别进行区分的行为无形中表现出了对妇女的歧视,而妇女也不应该一直将自己看作弱势群体,要求法律在选举中为自己预留席位。在她看来,均等制是无用的,也不值得提倡。

简单地说,支持者认为这些法律的初衷在于提高妇女的政治参与度,消灭选举中的不平等现象,法律的实施取得了显著的成效,大大改善了妇女在法国政坛的地位和比例。反对者则认为强行要求各党派推出一定比例女性候选人的举措违背了共和国民主和平等的原则。双方争论的焦点主要涉及以下两个问题:

第一是普遍性原则的问题。宪法规定选举制度要符合普遍性原则,反对一切形式的分类,不同种族、性别、职业等的公民都享有平等的选举权与被选举权,这也是选举制度的根本性原则。而《男女竞选公职平等机会法》不仅将候选者分为男性和女性两类,且强制要求女性候选者与男性候选者的数量要保持均等,这在反对者看来正是违背了选举制度的普遍主义原则和共和国民主平等的原则。他们提出了这个问题:如果能按性别对候选人进行分类,那么是否可以将候选人按职业、按社会阶层甚至按肤色进行分类?这样一来,普遍性原则就失去了意义。此外,妇女经过数百年的奋斗就是为了能消除歧视,能与男性一样被平等看待,但《男女竞选公职平等机会法》将候选人按性别分类的做法却恰恰强调了妇女与男性的差异,无形中重申了对妇女的歧视,也不符合平等选举的原则。

该法的支持者对此有着不同的看法。诚然,普遍性原则是选举制度的基础,也是共和国平等原则的重要组成部分。但需要说明的是,共和国成立之时并无妇女的参与,都是男性在议政,自然难以考虑到妇女政治事业的发展,普遍性原则也只在男性中得以实现。此外,公民的性别分类是自然的、被社会广泛接受的,先于法律存在,因此不能说是《男女竞选公职平等机会法》将候选者人为地进行了分类。[1] 按职业或社会阶层的分类自然无法与性别分类相提并论。

第二是能力与平等的关系问题。关于《男女竞选公职平等机会法》的设想一经提出就遭到了许多男性的反对,最直接的原因是该法触碰了他们的切身利益。妇女候选者数量的增多必定会造成男性候选者数量的减少,一些男性不接受这样强制的做法。另一些男性则认为,如果妇女有足够的能力,自然能够被推选为候选者,继而赢得选举,根本不需要借助法律来实现。通过立法强制要求一定比例的女性候选人似乎从侧面反映出妇女的能力不足,在选举中需要有专门的法律保护。

持同样观点的还有不少女性主义者,如伊丽莎白·巴丹泰、伊丽莎白·卢迪内斯库(Elisabeth Roudinesco)、莫娜·奥祖夫(Mona Ozouf)等。她们认为不应该按照性别将当选的政治代表加以分类。国民阵线领导人玛丽娜·勒庞在 2017 年 5 月接受《当代妇女》(Femme Actuelle)杂志采访时表示,在她的政党中,妇女任职是因为她自身的能力,而不是因为缺少一名妇女而去刻意地选择,这种做法是毫无意义的。[2]

---

[1] BELAICH C.Parité en politique : comment sesopposants se justifient encore aujourd'hui [EB/OL].(2017-04-09)[2018-11-23]. http://www.liberation.fr/france/2017/04/09/parite-en-politique-comment-ses-opposants-se-justifier-encore-aujourd-hui_1560990.

[2] BELAICH C.Parité en politique : comment sesopposants se justifient encore aujourd'hui [EB/OL].(2017-04-09)[2018-02-08]. http://www.liberation.fr/france/2017/04/09/parite-en-politique-comment-ses-opposants-se-justifier-encore-aujourd-hui_1560990.

此外，反对者认为《男女竞选公职平等机会法》本意是消除性别不平等，但这种强制性的做法反而时刻在强调男性与妇女的性别身份，提醒人们注意到性别差异，并没有达到性别平等的目的。这种方式对于妇女来说反而是不尊重的，仿佛在当选的妇女身上贴上了"配额"的标签。

《男女竞选公职平等机会法》的支持者则认为"能力当先"恰好印证了选举中的性别歧视问题。按这样的逻辑，法国政府中男性官员远多于妇女是因为男性比妇女更有能力，妇女在政坛中处于弱势地位是因为她们自身能力有限。然而，在法国人口中，妇女占有半数，受过高等教育的妇女人数甚至多于男性，因此，"能力不足"并不是法国妇女在政府中占比远低于男性的原因。

关于平等问题，法国国家科学研究中心的社会学家洛尔·贝雷尼（Laure Bereni）曾指出，许多研究表明，政治精英的选拔过程结构性地有利于男性，因此《男女竞选公职平等机会法》并不是强调性别差异，只是减少了一部分男性在政治领域一直享有的优势，让妇女能更顺利地参与政治生活而已。

第四节 《禁止议员兼任地方职务法案》在妇女参政中的作用

兼任一直都是政治生活中饱受争议的话题。法国议员兼任地方职务的现象十分普遍且历史久远，许多民众对此表示不满。20 世纪 80 年代以来，法国历届政府都试图通过改革限制议员兼职，但都未取得较好成效。直到 2013 年《禁止议员兼任地方职务法案》的提出，法国政界的兼任问题才得到了一定程度的治理。

一、法国议员兼任地方职务的现象以及相关争论

第五共和国以来，大部分国民议会议员和参议院议员都存在兼任地方职务的情况。2012 年，法国国民议会 577 位议员中有 82% 的议员兼任地方

职务,348位参议员中也有77％的议员兼任地方职务。且近半数的议员兼任的通常都是地方行政机关领导职务,如市长、市议会和大区议会议长等。虽然两院议员兼任地方职务并不是法国独有的现象,欧洲很多国家都有类似的情况,但法国议员的兼任比例远高于20％的平均值。2012年,两院议员兼任地方职务的比例在意大利为16％,在西班牙为15％,在英国和德国仅为13％和10％。[1]

不可否认的是,两院议员兼任地方职务有明显的益处。一方面,兼任能加强中央和地方的联系,增进中央对地方的了解,以更好地接近地方群众,解决地方问题。特别是参议员,他们本就是地方选出的代表,兼任地方职务利于他们开展工作。另一方面,本着"能者多劳"的原则,政府官员身兼多职既是当选者能力的体现,也是选民的自由选择。法国前总统弗朗索瓦·奥朗德的好友弗朗索瓦·勒布萨曼(François Rebsamen),曾在瓦勒斯政府中担任劳工就业职业培训与社会对话部部长和社会党在参议院中的党团主席,他就表示自己支持议员兼任地方职务。他认为参议员理所当然地应该兼任地方职务,因为他们本就是地方选出的,是参议院中各地方行政机构的代表。议会需要听到地方的声音,了解地方的需要,而这些兼任地方职务的议员既了解地方,又能在议会中发声,是连接地方和中央权利机构的桥梁,因此,议员兼任地方职务是很有必要的。另外,兼任的支持者们还认为,议员能兼任地方职务是因为他们有能力胜任多职,选民也有权利选择他们信任的代表,无论他是否已在议会或地方任职,这是选举自由的体现,不应用法律来禁止兼任现象。

但在法国,这种兼任情况过于普遍,身兼数职的议员比例过高,确实带来了一些负面影响。反对者们认为,担任地方职务并不是唯一了解地方情况的

---

[1] Vie publique.Cumul des mandats : une pratique restreinte à compter de 2017 [EB/OL]. (2017-04-09)[2018-02-27]. http://www.vie-publique.fr/actualite/dossier/cumul-mandats-2017/cumul-mandats-pratique-restreinte-compter-2017.html.

方式,反而有很多弊端。首先,国家实际执政水平会下降。有些官员同时担任两个或两个以上的职务,大大分散了他们的精力,甚至无暇出席政府会议进行投票,难以履行自己的职责和义务。其次,身兼多职使部分政府官员对工作的态度有所松懈。议员即使在中央表现不佳,也可以轻松地撤回地方,一定程度上造成了议员在位而不谋其政。最后,兼任制度扩大了议员的权力,助长了腐败的滋生。法国很多民众表示反对国会议员兼职。根据法国 IFOP 调查机构 2012 年的调查数据显示,法国 87% 的民众反对议员兼职。[①]

同时,兼任现象不利于妇女在政治生活中的参与和发展。男女平等高级委员会的数据显示,议员兼任地方行政职务的现象一直以男性议员为主导。一方面,从兼职议员人数上来看,男议员数量多、比例大。兼任地方职务的国民议会议员中男性比例高达 80%,其中兼任三个其他职务的男议员占议员总数的 6%,兼任两个其他职务的男议员比例为 21%,兼任一个其他职务的议员比例为 51%,未兼任任何行政职务的议员仅占 22%;而在国会女议员中,兼任三个其他职务的议员比例仅为 1%,兼任两个职务的议员比例为 5%,兼任一个职务的比例为 49%,仅担任议员一职的女性议员比例为 45%。[②] 由此可见,国会议员中男议员的兼职比例远超女议员兼职比例,而未兼任地方职务的女议员远多于男议员。另一方面,从地方职务的分量来看,男性兼任的职务更为重要。他们担任的往往是市长、大区议长或者省议长等职务。目前,兼任地方议会议长的全部是男性议员,而女议员兼职则通常担任副职。例如法国现任的大区议会议长中,只有两位是妇女,其他均为男性议长。

所以,为了整治兼任导致的一些乱象,帮助妇女更平等地参与到政治生活

[①] IFOP. Les Français et le cumul des mandats [EB/OL]. (2012-09-11) [2018-05-27]. http://www.ifop.com/? id=1972&option=com_publication&type=poll.

[②] Haut Conseil à l'Égalité entre les femmes et les hommes. Etude genrée sur le cumul des mandats des parlementaires [EB/OL]. (2013-03-29) [2018-02-10]. http://www.haut-conseil-egalite.gouv.fr/IMG/pdf/etude_hce-2013-0329-par001_vf.pdf.

当中，法国很早就开始酝酿和推动限制议员兼任行政职务的措施。当时任内政部长的曼努艾尔·瓦勒斯积极推动《禁止议员兼任地方行政职务法案》，主张让更多新人进入议会，为议会注入新鲜血液，但这也引起了许多议员的担忧，因为这些规定会让他们脱离地方机构，而一旦失去地方权力的支持，他们在议会中也容易失去立足的根基。2015 年 10 月，两位参议员雅尼克·博特雷尔(Yannick Botrel)和勒内·旺迪兰顿克(René Vandierendonck)提出了一项提案，旨在让国会议员更好地参与地方管理。当然，在《禁止兼任地方行政职务法案》刚颁布还未正式实施时，这项提案并没有被采纳。其他的议员也纷纷表态，认为 2015 年 8 月的领土改革已经大大改变了地方机构的运作，建议对《禁止兼任兼任地方行政法案》进行修改，以避免短期内多项改革带来的不稳定因素。2016 年 8 月，议员雅克·梅扎尔(Jacques Mézard)在提案中建议 2014 年 2 月后获得地方职务的国会议员保留两项职位直到地方职务任期结束，同时减少津贴。当时刚结束的选举为 2014 年 3 月的市镇选举，也就是说在这次选举中当选市长的国会议员可以一直任职到 2020 年。但这项提案同样也未能讨论通过。

改革的支持者则认为，现有措施还不够，不仅应在各级议会中对议员兼任进行限制，还需要从任职时间上对其进行补充限制。2008 年宪法改革规定总统任期最多只能连续两届，在此基础上，由克洛德·巴尔托洛内(Claude Bartolone)和米歇尔·维诺克(Michel Winock)带领的工作小组发表了《关于国家机构未来的报告》，表示在其他选举中也应限制连续三届任职的情况，议员最多只能连续两届当选，以支持更多年轻候选人和女性候选人进入政治领域。

二、《禁止议员兼任地方行政职务法案》的内容

2013 年 4 月，法国内政部部长马努艾尔·瓦勒斯向国民议会提交了《禁止议员兼任地方行政职务法案》，经过了国民议会及参议院的分别修改，以及

两院联席的性别平等委员会的审查后,草案于 2014 年 1 月 16 日又通过了国民议会的最终修改。2014 年 2 月 14 日,《禁止议员兼任地方行政职务法案》(本节中简称"法案")正式颁布。

在已有法律的基础上,该法案对议员兼职进行了进一步的限制,规定法国国民议会和参议院议员以及欧洲议员不能同时兼任以下职务:

——市长、区长、市长助理或副市长,省议会、大区议会议长或副议长;

——法国市镇合作局(EPCI, Établissement public de coopération intercommunale)①或混合型工会的主席或副主席;

——科西嘉议会议长,执行委员会主席或成员;

——海外省议会议长或副议长;

——圣巴泰勒米(Saint-Barthélemy)、圣马丁(Saint-Martin)、圣皮埃尔和密克隆(Saint-Pierre-et-Miquelon)地方议会议长或副议长;

——马提尼克(Martinique)、圣巴泰勒米、圣马丁、圣皮埃尔和密克隆执行委员会主席或成员;

——法属新喀里多尼(Nouvelle-Calédonie)和法属波利尼西亚政府秘书长、副秘书长和其他联邦执行委员会成员;

——法属新喀里多尼议会议长或副议长,省议会议长或副议长;

——瓦利斯群岛和富图纳群岛(îles Wallis et Futuna)领地大会主席和副主席;

——依法设立的各地方审议机构的主席或副主席;

——法国在外侨民议会的主席、副主席或成员。

该法案的提出和通过与社会党的积极促进密不可分。2013 年 1 月,时任社会党生态党党团主席的布鲁诺·勒鲁(Bruno Le Roux)承诺法案会在 2014

---

① 市镇间合作公共机构,是一种将多个市镇集合起来行使一些共同职权的行政结构,也是最为成功的一种市镇间合作形式。

年进行投票。时任"与议会关系部长代表"的社会党人阿兰·维达利(Alain Vidalies)和让-马克·埃罗(Jean-Marc Ayrault)也支持法案尽快通过、付诸实行。但由于还要先对宪法进行修订,因此将该法案生效时间最终定在了2017年。

根据涉及的议会不同,这些新举措开始生效的时间也各不相同,但基本都为2017年3月31日后第一次改选的时间,对于国民议会议员来说是2017年7月,对参议院议员来说是2017年10月1日,对欧洲议员来说是2019年5月。有兼任地方职务的议员将面临选择,或是在30天的期限内自行选择辞去一个职务;或是保留最近获得的职务,辞去先前的职务。

三、法案实行情况

该法案通过后,遭到了不少议员的抗议,他们拒绝出席议会进行换届选举。但该法案执行情况良好,且取得了显著成效,帮助了一定数量的女议员和新议员成功进入议会。

在2015年12月6日进行的大区选举第一轮投票中,有159位候选人是两院议员。由于该法案还未正式生效,因此对于其中40位仅在议会任职的国会议员和34位已在大区议会当选的国会议员,法律仍允许其兼任大区议会职务,但任期截止到2017年,在此之后,他们只能担任地区议员,不得再兼任重要的领导职位。对于剩下85位在其他地方议会已有兼职的国会议员,法律禁止其兼任两个以上的地方职务,当选的议员必须放弃三项职务中的一项。[①]

2017年6月是法案生效后举行的第一次立法选举。受法案实施的影响,在这届任期结束的议员中,有近37%的议员没有出席,国民议会成员大比例

---

① Mise en place d'une loi de non-cumul des mandats, [EB/OL]. (2017-06-11) [2018-02-10]. http://www.luipresident.fr/francois-hollande/engagement/non-cumul-des-mandats-73.

换新。在577位议员中,仅有145位连任,17位以前曾当选,剩下415位都是首次当选,占总人数的71.9%;224位女议员当选,占总人数的38.8%。而在2012年的选举中,女议员仅有26.9%。[1]

2017年9月24日举行的参议院选举对二分之一的参议员进行了改选,这也是法案生效后的首次参议院选举。根据参议院官方数据显示[2],在这次改选的170个议席中,连任的议员有69位,以前曾当选的议员有29位,剩下的72位都是首次当选的议员,占改选总人数的42%;女议员有56位,占改选总人数的32.9%。改选后妇女议员总人数为102人,占参议院总人数的29.3%。由于有二分之一的参议员未经改选,因此还存在一些兼任情况:仍有36%的议员兼任市长,但兼任省议会议长的议员比例已降到4%,仅有1名议员仍兼任大区议会议长。

由此可见,禁止兼任的法案生效后,国民议会和参议院中都出现了相当数量首次当选的议员。该法案一方面为国会注入了新的力量与活力,另一方面避免了权力总是集中在同一部分人手中,从而滋生腐败。另外,也给妇女参政提供了更多机会,使选举平等得到了又一重有效保障。

第五节 促进参政性别平等立法的专设机构及作用

在促进参政性别平等的立法过程中,一些政府相关部门做出了突出贡献。本节选取了男女平等高级委员会、国民议会和参议院的妇女权利及男女机会平等议员团这两个专设部门进行观察,前者在妇女参政问题上发挥积极的咨

---

[1] Le Monde. Après les législatives 2017, 75 % de l'Assemblée nationale est renouvelée, un record [EB/OL]. (2017-06-19) [2018-02-10]. http://www.lemonde.fr/les-decodeurs/article/2017/06/19/apres-les-legislatives-2017-75-de-l-assemblee-nationale-est-renouvelee-un-record_5147128_4355770.html.

[2] Élections sénatoriales, les résultats en détail [EB/OL].(2017-05-03)[2018-02-11]. http://senatoriales2017.senat.fr/.

询角色,而后者则以议会为阵地发挥作用。

一、男女平等高级委员会

男女平等高级委员会的前身是 1995 年创立的性别平等观察所。1995 年法国总统大选时,希拉克在选举中得到女性主义者及组织的支持,当选后,她创立了性别平等观察所,旨在对与性别平等有关的政治问题进行机构方面的监督。根据第 95-1114 号法令,性别平等观察所的主要任务为:收集数据,对法国国内和国际上的妇女问题进行分析与研究;促进一些行动计划的实施,尤其是关于传播相关知识的行动;启发公共权力机关和各政治、经济、社会参与者的决定;对立法和监管改革提出意见和建议。此外,性别平等观察所也可就法律法规草案发表意见。[①] 尽管法案中的表述较为宽泛,但无论是从观察所的建立初衷还是主要活动来看,都不难发现该机构的核心任务是促进政治领域中的性别平等。

观察所由 1 名在总理和妇女权利部部长建议下由总统任命的总报告员和 33 名在妇女权利部部长建议下由总理任命的志愿人员组成,每两年向总理提交一份总报告,报告也会一并提交议会并公布。总报告员负责提出工作方案和协调组织运作。罗斯林·巴什洛担任了第一任总报告员,吉赛勒·哈利米负责政治委员会。她们二人在 1996 年撰写的报告中提出通过采取积极的立法或宪法措施建立配额制或平等的原则。到 1997 年,为了将性别平等原则纳入宪法,总理若斯潘开始着手推动停滞多年的相关宪法改革,最终通过了《男女竞选公职平等机会法》。2000 年 6 月 6 日该法正式颁布后,观察站致力于通过分析选举结果和某些重要职位(政党领导人、律师、协会等)的性别,比较统

[①] Légifrance. Décret no 95-1114 du 18 octobre 1995 portant création d'un Observatoire de la parité entre les femmes et les hommes [EB/OL]. (1995-10-18) [2018-03-10]. https://www.legifrance.gouv.fr/affichTexte.do?cidTexte=JORFTEXT000000555711&categorieLien=id.

计数据来评估该法律的实施情况,并发布了许多关于该法效应及对选举影响的报告。

作为积极的女性主义者,人民运动联盟党党员玛丽-乔·泽梅尔曼(Marie-Jo Zimmermann)在2002年被希拉克任命为性别平等观察所的总报告员,并任职到2009年。她同时还担任国民议会妇女权利议员团的主席,任职至2012年。她主管性别平等观察所时,竭力吸引媒体关注该机构,重视参政性别平等问题,经常举行记者招待会发布相关的研究报告。她认为这是提高全社会对于性别问题认知和关注度的途径。在她的推动下,性别平等观察所对国家和地方层面上妇女参政水平进行了持续跟踪研究并提出建议。名单选举中采取男女候选人按一男一女顺序排列的做法,与她主导的调研及她在总统府和总理府所做的工作不无关系。

2013年1月3日,法国总统奥朗德颁布法令成立的男女平等高级委员会取代男女平等观察所,直接向总理负责。该机构进一步完善和扩大了职责范围。相关法令规定,该机构"确保与市民社会协商,就妇女权利和平等政策的发展方向进行公开辩论"。作为重要的评估和顾问机构,该机构负责评估法律的影响,收集和传播与平等有关的分析,并向总理提交有助于评估男女平等相关政策效用的建议。

改组后的男女平等高级委员会的规模也扩大了不少,由1名主席和70余名志愿人员组成,工作没有薪酬,机构组织也严格遵循性别均等的原则。男女平等高级委员会通过统计数据、分析选举结果、发布报告等形式来评估促进性别平等的各项法律和措施的施行情况,并进一步促进相关立法的发展。工作涉及的领域也不再局限于政治平等,还包括反对针对女性的暴力和媒体中针对女性形象的暴力。自2017年起,该机构还负责发布关于法国性别歧视现状的年度报告。

二、妇女权利及男女机会平等议员团

妇女权利及男女机会平等议员团也是在 20 世纪 90 年代政治领域性别平等的浪潮中成立的。1998 年 12 月 14 日,时任法国国民议会议长的洛朗·法比尤斯提交了一份在国民议会和参议院中设立妇女权利及男女机会平等议员团的提案。不久,提案通过。1999 年 7 月 12 日颁布的《第 99-585 号法律》正式规定在两院中设立该机构。妇女权利及男女机会平等议员团共有 36 名成员,包括一名主席。国民议会中议员团成员的选举与议会选举同步,任期也与议员任期一致;参议院中议员团的任命则在每次部分换届选举之后进行。

议员团的主要任务为:向国民议会和参议院通报政府关于女性权利和男女机会平等的相关政策的成效,监督确保相关法律的执行,并发布用以改善立法和法规的提案和建议。议员团也可以受理法案或法律提案。法律还规定议员团每年都要发布一份公开报告,用于总结机构的工作并提出改善其职权范围内的立法和监管的相关建议。对于特定主题的法案或法律提案,代表团会举办听证会听取其认为与之相关的任何人的意见,特别是部长们的意见。① 2012 年 7 月至 2017 年年初,国民议会的议员团举行了 20 多次部长和国务秘书听证会。② 国民议会和参议院的妇女权利及男女机会平等议员团还可举行联席会议。

自成立以来,议员团就性别平等的各类主题开展了大量工作,如政治平等、职业平等、工资平等、养老金、兼职工作、暴力侵害妇女和卖淫问题、避孕和自愿终止妊娠(堕胎),等等。在 2000 年《男女竞选公职平等机会法》的相关争

---

① 法案原文见:https://www.legifrance.gouv.fr/affichTexte.do?cidTexte=JORFTEXT000000577712&categorieLien=id。
② Assemblée nationale de France. La Délégation aux droits des femmes et à l'égalité des chances entre les hommes et les femmes [EB/OL].(2017-08-21)[2018-03-10]. http://www2.assemblee-nationale.fr/static/15/DDF/Note%20de%20pr%C3%A9sentation%20DDF2017.pdf.

议中,国民议会的议员团就对该法的顺利颁布起到了重要的推动作用。①

2012 至 2017 年间,国民议会议员团共发布了 30 份报告,其中半数都为关于性骚扰、大区选举、市政选举以及实现男女间真正平等的相关法案和提案,以期在选举、职场、养老等方面消除对女性的歧视和不平等待遇,促进性别平等的实现。议员团的报告员在审查这些提案的过程中也提出了修正案和建议,以期更好地落实这些法案。其余半数报告涉及特殊议题,如公司履行保障男女职业平等的义务和打击卖淫制度等。对于这些促进性别平等的议题,除了撰写年度报告和组织专题讨论会外,国民议会议员团还在 2017 年 2 月任期之末发布了一份信息报告,对其任期内通过的各项促进男女平等的措施和实行情况进行了总结。除了发布报告,议员团还会审议通报,组织对公众开放的专题讨论会,致力于改善女性政治地位,促进担任公职的性别平等。

妇女权利及男女机会平等议员团的创立对推动性别平等有着重要的意义。众所周知,法国议会中男女比例差距一直悬殊,但议员团却是两院中少有的男女比例均等的立法机构,这使它能够成为一个相对中立的"安全区域",议员们可以跳出权力制衡,为争取女性权利和推动性别平等共同努力。从制度的角度来说,该机构使议会各项活动中对性别差异和性别平等的考量成为必须。此前议会虽然也一直在强调平等,但实际上性别差异常常被忽略,难以得到重视。在两院中设立议员团后,对性别差异的考量和性别平等的意识就成为法律规定的一项议员义务。议员团可要求受理所有的法律提案,并通过举办听证会、发布报告、提出建议和修正案等种种方式监督、促进、完善性别平等的相关立法,从实际操作层面发挥积极作用。

---

① MANDA G. Safe space et représentation substantive: le cas des délégations aux droits des femmes et à l'égalité des chances. Raisons politiques, 2004/3 (no 15), p. 97-110. DOI: 10.3917/rai.015.0097. URL: https://www.cairn.info/revue-raisons-politiques-2004-3-page-97.htm.

第三章
法国政党关于妇女参政的立场和相关机制[①]

在西方民主政体中,加入政党、参与政党活动,成为候选人参加竞选,从而进入议会、政府等国家管理机构,在政治决策中发挥作用,这是从政最为常见的路径。妇女也会通过这一重要路径实现政治参与。从前两章中可以看出,法国政党在性别平等原则在政治生活中的实施过程中扮演着重要的角色,是妇女参政、领导力培养和实施非常重要的行为主体。政党对性别平等原则的理解、遵守和实践都直接影响着妇女参政比例和能力的提高。

不论是在国家法律规定的法定性别配额方面,还是在自愿性别配额方面,政党的主动性都不可忽视。其明确性别平等原则、管理候选人选拔过程的党章和内部章程对于选举候选人提名的性别比例都具有重要意义。在这个问题上,美国学者皮帕·诺里斯(Pippa Norris)曾经分析过影响政党实施自愿性别配额的因素,包括:选举制度的特定类型、政党在其提名程序中的制度化程度、正式党章的实施情况、违反规则的相应惩罚、党章规定的性别配额的水平、党

[①] 本章部分内容已经发表于:李洪峰.对法国社会党推动妇女参政实践的思考[J].妇女研究论丛,2014(1);李洪峰.法国极右党派国民阵线性别话语探析[J].中国青年社会科学,2017(6).

内女性主义组织的实力、男女候选人在政党提名中的排序规则、政党对诚信守约和非正式文化准则的规定。① 以此为基础,本章政党领袖的个人作用作为一个观察角度,因为当政党领导人成为国家领导人时,便能够大力推动本党的政策和纲领的制定与实施,对议会和政府的决策产生最直接的影响。本章旨在探讨法国政党对于政治参与性别平等原则不同的方式和促进力度,及其在女党员领导力培养方面所做出的努力。

自第四共和国以来,法国政党数目繁多,从极右到极左,派别林立。除了第五共和国以来轮流执政的左派大党社会党和右派大党共和党,本章还选取了在性别平等方面推动力度较大的极左派政党欧洲生态绿党,以及性别观最为保守的极右派国民阵线进行观察分析。通过这四个典型案例,基本可以看出法国政党对于性别平等问题和妇女参政问题的态度,也能够对其具体举措有比较全面的了解。

第一节 社会党

法国社会党的前身是1905年成立的国际工人联盟法国分部,后更名为新社会党,1969年再次更名,改称"社会党"。在第五共和国妇女参政的历史当中,社会党发挥着非常重要的作用。该党推崇性别平等,从20世纪60年代开始就将政治参与性别平等纳入总统竞选纲领,后不断在国家层面推动立法及实施,在党内建设立了比较完整的保障和促进机制,在推动政治参与性别平等方面表现突出。社会党所取得的成绩不仅提升了自身在民主建设方面的形象,也触动了其他政党顺应历史潮流,改进工作方法以提高党内决策层女党员的比例,为整个法国政界妇女参与水平的提高做出了不可否认的贡献。因此,

---

① 诺里斯.打开通向领导之门:伊拉克与阿富汗的妇女领导与宪法建设[M]// 凯勒曼,罗德.妇女领导力:现实与挑战.张素玲,等译.上海:东方出版中心,2012:152.

法国社会党是一个非常具有代表性的案例。

一、社会党领导人的个人作用

从1969年至2017年,社会党先后有过11位第一书记,其中有一位女性——马尔蒂娜·奥布利(Martine Aubry,2008—2012年担任社会党第一书记)。在第一领导人的更迭中,性别平等原则作为基本纲领的一部分,地位得到了延续和加强,应该说,历任第一书记都功不可没。密特朗担任法国总统长达14年(1981—1995年),若斯潘曾经在希拉克总统任期内担任总理(1997—2012年左右共治时期),奥朗德担任法国总统(2012—2017年)。本节选取密特朗、若斯潘和奥朗德的个案进行重点分析。

(一)密特朗

法国学术界一致公认,密特朗是第一个在政治参与性别平等方面做出杰出贡献的政党领导人及共和国总统。

其贡献主要表现在以下几个方面:

第一,密特朗自20世纪60年代起就在总统选举中导入了政治参与性别平等的议题,并将该议题推向国家层面展开讨论。1965年的总统大选中,他曾经严厉批评戴高乐在第一个任期内妇女参政水平下降的现象。虽然在当时的历史背景下,妇女的经济权利尚未得到足够保障,民众对于该议题没有广泛关注,左派的性别平等主张也尚未对戴高乐的第二次当选构成压力,但是该议题的提出仍然为20世纪80年代妇女参政水平的提高和相关举措做了一定的铺垫。1982年3月8日,国际劳动妇女节成为法国的法定节日,标志着密特朗在保守派和改革派之间斡旋的成功。而在此之前,妇女节一直只是左派内部的节日。当年妇女节庆祝活动的核心环节是在爱丽舍宫举行的一个招待会。鲁迪起初将活动的主题定为"妇女的工作",但是密特朗和下属们担心这样一来会将没有工作的妇女排除在外,便规定参加招待会的客人必须包括非职业妇女。重视细节也表明了密特朗对于妇女社会地位的提高和发展的积极态度。

第二,密特朗担任总统期间,任命了数量相对较多的女性高级官员,20世纪90年代初被任命的女性官员大多出自巴黎高等师范学校和法国国家行政学院等名校。1958—1981年右派执政时期,共有13名女性进入内阁,在戴高乐、蓬皮杜和德斯坦时期的内阁女官员比例分别为2.4%、3%和9.5%,1981—1995年密特朗任总统时期共经历了四届政府,先后任命了27名女性入阁,其任期内内阁女官员比例最高时为15.4%。与前任们的另一个重要区别在于,密特朗任命了更多的女部长和女副部长,而此前右派政府任命级别较低的女性国务秘书更多。后来右派希拉克政府在这方面顺应时势,努力提高内阁女官员比例,这与密特朗此举对其形成的压力不无关系。

第三,1991年,密特朗任命埃迪特·克勒松为政府总理,这是法兰西第五共和国历史上第一位,也是迄今为止唯一的一位女总理。虽然克勒松在任时间仅一年左右,但她的任命具有极大的象征意义和宣传意义,表明妇女有能力抵达权力金字塔的塔尖,同时也树立了社会党以及密特朗本人竭力推动性别平等的领头人形象。

第四,密特朗试图打破对内阁女性官员任命的性别成见,并且不把女性官员局限在与女性特质相关的家庭事务、教育事务等方面。克勒松在被任命为总理之前,曾经在密特朗的政府中先后担任对外贸易部、工业部和欧盟事务部部长。塞戈莱娜·罗亚尔在密特朗时期则担任过环境部部长。

第五,密特朗对于妇女能够平等地作为候选人参加选举也发挥了积极的促进作用。在操作层面,他从20世纪60年代开始就鼓励社会党女党员积极参加各级议会选举、进入各级政府任职。1982年,密特朗在国际妇女节讲话中阐述了对于性别平等的理解和决心,提到了妇女参政比例的问题,尤其强调了社会党在实施配额制方面的决心。他认为:"配额制虽然受到质疑,但它实际上加强了妇女在决策部门的存在感。我希望有一天人们不需要再讨论配额制,希望妇女可以不受束缚地承担与其社会作用及其在总人口中所占比例相称的职责。"①

(二)若斯潘

20 世纪 80 年代,法国的妇女运动不断发展,妇女在各领域逐渐取得显著成绩。到了 90 年代,妇女选举权被更大程度地实现及其参政权被更大程度地保障成为法国社会的重要讨论议题,而社会党在该讨论中也发挥了引导性的作用。在此背景下,1997 年,右派的希拉克任总统时期出现的左右共治使社会党在议会拥有了多数成员,为其实现性别平等主张提供了历史机遇。若斯潘本人在这方面则表现出坚定的信念,并把握住了这一机遇。1995 年参加总统大选时,若斯潘尚未在其竞选纲领中提出用法律机制去切实推动妇女作为候选人参加选举的建议,但是在 1996 年,他开始表达出了这一意愿,并借助左右共治将这一意愿付诸实施。毫无疑问,若斯潘在总理任期内对于妇女参政的最大贡献就是推动了《男女竞选公职平等机会法》的通过。虽然该法实施至今一直存在各种争议,但在大区、省、市镇、欧盟议会等层面切实实现了女议员比例的提高。而且,若斯潘继承并发展了密特朗的思路,努力在内阁中提高妇女成员比例。在左右共治之前,右派政府女成员比例为 26%。若斯潘政府的 44 名成员中,有 14 名妇女,比例达到 31.8%。若斯潘政府还任命了法国历史上第一位妇女司法部部长伊丽莎白·吉古(Elisabeth Guigou,1946—   )②。除了内阁,若斯潘政府也努力在提高国家重要机构中妇女高层领导人的数量。1997 年,卡特琳娜·布雷西尼亚克(Catherine Bréchignac,1946—   )被任命为

---

① François Mitterrand. Discours du 3 Mars 1982 [EB/OL]. (2011-09-21) [2018-03-10]. http://discours.vie-publique.fr/notices/827002200.html.
② 伊丽莎白·吉古毕业于法国国家行政学院,曾先后担任过欧盟事务部副部长、欧盟议会议员、司法部部长以及就业和团结部部长。

法国重要的科研机构之一——法国国家科学研究中心的领导人。2000年,她的继任者仍然是一位女性——热娜维耶芙·贝尔热(Geneviève Berger, 1955—)。1999年,安娜·洛韦容(Anne Lauvergnon, 1959—)被任命为核材料总公司(Compagnie Générale des Matières Nucléaires)的领导人。2000年,法国国家领导人的摇篮——法国国家行政学院也迎来了一位女院长——玛丽-弗朗索瓦丝·贝切戴尔(Marie-Françoise Bechtel, 1946—)。这些举措表明优秀的女性一样可以进入工业、科研等关系国民经济和国家命运领域的最高管理决策层。

在社会党自身建设中的性别问题上,若斯潘也表现出超越前任的勇气。在《男女竞选公职平等机会法》提交议会审议并得到通过之前,若斯潘就在党内实行了配额制,保障女党员参与各级选举。1996年的社会党全国大会上通过了在所有单记名选举中女党员参选比例不低于30%的决议。需要指出的是,这不仅是若斯潘个人权威的体现,也是社会党集体意愿的结果,说明社会党在该议题上进一步统一了意见。

(三)奥朗德

到奥朗德执掌社会党时期,作为社会党第一书记,奥朗德本人并没有参加2007年的总统大选,而是推出了一位女性候选人——塞戈莱娜·罗亚尔参加竞选,这是轮流执政的两大党第一次推出女性候选人参加共和国最高决策者的选举。罗亚尔虽然负于萨科齐,却使法国社会对于"法国是否会有一位女总统"的问题产生了更多兴趣。

2012年,奥朗德本人参加总统大选,更是大打性别平等牌,并遵守承诺,在赢得大选后成立了男女比例1∶1的政府,此举得到了法国民众的广泛认可和国际社会的关注。在任职安排方面,奥朗德也继续努力突破妇女通常担任与女性特质密切相关的岗位的传统设置。奥朗德任期内,政府数度改组,但基本保持了内阁官员性别比例平等。2016年年初,有激进的女性主义者批评指出,由于新发生的部长人选变更,男女比例为 17∶15,而且法国人非常重视的四大部(内政部、国防部、司法部和外交部)不再有女部长。但即使这样的批评也并不能抹煞社会党政府做出的性别平等的努力。此外,社会党政府设立了男女平等高级委员会,以综合推进相关机制建设和效果评估。

奥朗德的另一个贡献是在任期内推动了《禁止国会议员兼任地方行政职务法》的通过。"不兼任"指的是同一人不可兼具议员和政府行政领导职务。男女平等高级委员会曾指出,身兼议员与政府行政职务的议员中有 80% 是男性,只有 20% 是妇女;男议员通常更多地兼任其所在部门一把手的职务,而女议员则兼任其所在部门的副职。因此,不兼任机制的出台会提供更多的领导岗位,为妇女从政提供更多的机遇。实际上,该议题此前是社会党内部的一个重要改革议题,2012 年以前在社会党连续三任第一书记所推行的党内改革中就得到多次讨论。社会党部分人士希望将这一原则写入党的内部章程,通过在党内推动该机制的建立,树立典范的政党形象,赢得更多选民的信任。奥朗德上台一年后,法国国民议会在 2013 年 7 月 9 日通过了《禁止国会议员兼任地方行政职务法》,并于 2017 年进入实施阶段,这成为社会党推动政治参与性别平等历程中的又一标志性事件。

毫无疑问,社会党其他领导人在各自的第一书记任期内均做出了各自的贡献。米歇尔·罗卡尔(Michel Rocard,1993—1994 年任社会党第一书记)在上任之初强调过妇女参政的真正内涵:"妇女不仅是平等的选举人,她们也将平等地当选。"①马蒂娜·奥布利曾表示:"作为一名女性主义者,我感到骄傲。"②阿尔莱姆·德西尔(Harlem Désir,2012—2014 年任社会党第一书记)

---

① ROCARD M. J'ai pris cette décision seul, entretien avec Rocard[J].Parité-Infos, 1993 (3).
② Francinter. Aubry lance son combat pour la parité et l'égalité réelle [EB/OL]. (2011-09-21) [2018-03-10]. https://www.franceinter.fr/politique/aubry-lance-son-combat-pour-la-parite-et-l-egalite-reelle.

曾以"女性主义第一书记"自居,并在党内严格执行男女平等原则。可以说,自密特朗以来,社会党领导人性别平等的立场都十分鲜明,贯彻的方针路线也十分坚决。法国女性主义学者弗朗索瓦丝·加斯卡尔早在 20 世纪 90 年代末就指出,虽然与北欧国家的社会民主党派相比,社会党高层贯彻候选人比例平衡的决策相对迟了 20 年,但是社会党自上而下推行性别平等原则的决心不容否认。①

简言之,法国社会党历任领导人在性别平等政策上表现出来的一致性是该党能够成功在法国政治生活中推行平等原则的重要因素。

二、社会党党章及其内部章程的相关规定和实施情况

在党派内部,党章和内部章程作为最重要的准则和参照标准,阐明了党派的指导思想,并直接影响到其遵循的具体原则的实施效力。

随着法国社会的进步和社会党本身的发展,社会党党章和内部章程对党内领导机构及其党员队伍建设中的男女平等原则逐步进行了明确规定,尤其是 2012 年社会党新领导班子上台后,结合 2008 年和 2010 年两次内部机制改革,修订了《社会党党章及内部章程》(下简称《章程》)。②《章程》前言开宗明义,第一句即写道:"我党的基本原则是性别(sexe)平等和社会性别(genre)平等,党员、支部书记、区支部书记、省支部书记、候选人、我党的亲近者都友好相处,不分性别。"这确立了性别平等原则在社会党内部的基本原则的牢固地位。

《章程》中的《社会党的原则宣言》部分立场最为鲜明,力求使社会党成为性别平等乃至社会公正的代言人:"社会党是女性主义政党。它捍卫妇女的解

---

① Parti socialiste français. Statuts et règlement intérieur du PS [EB/OL]. (2011-05-12) [2018-03-10]. http://www.parti-socialiste.fr/les-statuts-et-le-reglement-interieur.
② 法国社会党网站[EB/OL]. Statuts et règlement intérieur du PS(社会党党章及内部章程) [EB/OL]. (2012-08-16) [2018-09-23]. http://www.parti-socialiste.fr/les-statuts-et-le-reglement-interieur.

放,推动男女平等、政治参与性别平等和社会多元性。它保障妇女对自身所拥有的基本权利,捍卫男女薪酬和就业平等。"这一条款表明,性别平等原则在社会党理念中覆盖了经济、政治、文化等各个领域。

《章程》第1.4.1条专门就党内性别平等原则的具体实施方式进行了阐述:"我党各领导和监督部门严格遵守性别平等原则,不论是在全国层面还是在支部层面。我党参加全国选举和地方选举时所提交的候选人名单都遵守男女平等原则,其中包括采取单记名式的选举。我党会采取一切必要措施,保证这一原则得到遵守。"在定义第一书记的角色时,《章程》明确写道:"第一书记要负责性别平等原则在党的机构和参选名单当中的实施。"

具体到社会党全国委员会和书记处、地方各级党支部的书记处、地区联合会组织、全国和地方各级党员招录委员会等机构的人员配备比例等方面,《章程》在各相关明细条款中一一指出必须遵守性别平等原则。比如,《章程》的第2.4.3.1条规定:"每个支部在全国大会前组织会议,收集支部将提交到全国大会的提案;根据《章程》第1.3.4 和 1.3.5 条,选举出参加地区代表大会和全国代表大会的代表。男女平等的原则适用于所有这些选举。"《章程》中所包含的《社会党党员道德规范》亦明确表明:"女党员和男党员都可以担任党内职务和参加竞选,没有性别、年龄和出身歧视。"

综上所述,社会党章程中的性别平等原则条款出现频率高,而且与具体措施密切相连。此外,2014 年,社会党通过了《社会党关于人类进步的宪章》,阐述了社会党的主要理念,强调促进平等公正的主张。其中专门提到了在国民议会中男女平等原则的实施。在关于欧盟的发展方面,该宪章认为,"欧盟应该在全世界高举男女平等的大旗"。

从实践层面看,社会党的理念得到了较好的推广实施,尤其在《男女竞选公职平等机会法》的推动当中,在提高包括国民议会、各级地方议会和欧盟议会在内的女议员比例方面,社会党的成绩单都可圈可点。

以立法选举为例,根据 2012 年统计数据,社会党提出的立法选举候选人名单中妇女占 45.3%,而人民运动联盟提交的候选人名单中妇女比例仅为 25.7%,因而实际当选的两党女议员比例与人数均有较大差距。2007 年,法国国民议会 589 名议员中有 107 名女议员;2012 年,女议员人数为 155 人,比例达到历史最高纪录的 26.86%,在欧盟国家中的排名从第 19 位提升至第 10 位。可以看出,社会党对这一进步发挥了积极作用。

此外,根据法国研究界的统计,2011 年,法国社会党男党员比例为 70%,女党员仅占 30%。女党员的比例与 1985 年的 20% 和 1998 年的 26% 相比,提高幅度并不算大。① 在女党员总人数远低于男党员的情况下,提出 50% 的女性候选人比例本身就具有一定的难度。这也表明了社会党为推出高比例的女性候选人的努力程度。

在党内领导机构中妇女比例提高方面,社会党也取得了明显进步。1969 年至今,社会党历任第一书记中仅有马蒂娜·奥布里一位女性,但近 10 年来社会党党内领导机构中妇女比例有明显增加。社会党最高权力部门——中央局中,除了第一书记以外,共有 72 名成员,其中有 54 名选举产生的成员和 18 名代表地方支部的成员,而这 54 名成员的选举需要遵守社会党规章中的性别平等原则。2012 年 11 月选举产生的 54 名中央局成员中男女成员各占一半。② 2016 年,中央局 54 名选举成员中有 26 名妇女,比例有轻微下降。③ 2012 年,负责执行社会党各项事务的机构——总书记处共有成员 106 名,其

---

① REY H.Les adhérents socialistes : permanences et changements [EB/OL].(2011-05-06)[2017-08-10]. http://www.revuesocialiste.fr/2011/05/06/les-adherents-socialistes-permanences-et-changements/.
② Parti socialiste français [EB/OL].(2012-11-17)[2017-08-10]. http://www.parti-socialiste.fr/le-bureau-national.
③ Parti socialiste français [EB/OL].(2017-03-01)[2017-08-10]. http://www.parti-socialiste.fr/les-socialistes/les-instances-du-parti-socialiste/le-bureau-national/.

中妇女 45 名,占 42% 左右,这与 2000 年的 22% 相比进步显著。① 2016 年,总书记处共有包括第一书记在内的成员 91 名,其中妇女 40 名,占比约 44%。② 总体来看,在社会党最高层领导机构中,妇女比例均超过了 40%,成绩值得肯定。

三、社会党促进女党员发展的内部机制建设

社会党取得的成绩与密特朗时期所做的持续努力分不开,尤其是随着 2008 年和 2010 年社会党内部改革的推进,政治参与性别平等原则进一步融入了党内各种相关机制。这些机制方面的努力主要包括以下几个方面:

第一,在《党章》的指导下,将党内性别平等原则的实施纳入社会党改革方案框架和推荐候选人机制中,并使之成为醒目的主题。2010 年,社会党为了加强自身建设,更好地筹备 2012 年的总统大选和立法选举,将在党内机制中提高妇女参与度定为主要工作目标之一。为此,时任社会党第一书记马蒂娜·奥布里提出针对各省支部采取财政奖罚措施,吸引了媒体和公众的关注。③ 这一目标的实现对于 2012 年总统大选中社会党女议员在国民议会中的比例大幅度提高显然发挥了重要的作用。在 2014 年举行的市镇议会选举和 2015 年的大区选举中,社会党在候选人挑选委员会的工作中仍然坚持推行平等和多元的原则。

第二,社会党内部专门机构的设置也体现了对性别平等原则的保障。社会党全国妇女权利委员会既负责社会党各种关于性别平等的主张的提出和实

---

① Parti socialiste français [EB/OL]. (2017-08-10) [2018-02-09]. http://www.parti-socialiste.fr/le-secretariat-national.
② Parti socialiste français [EB/OL]. (2016-12-13) [2017-08-10]. http://www.parti-socialiste.fr/les-socialistes/les-instances-du-parti-socialiste/le-secretariat-national/.
③ Le Parisien. Parité: le bonus-malus du PS [EB/OL]. (2010-04-04) [2017-08-10]. http://www.leparisien.fr/politique/parite-le-bonus-malus-du-ps-07-04-2010-876698.php.

施,也保障着党内平等原则的实践。该委员会在省支部层面亦有分支机构,负责组织各种以保障妇女权利为目的的活动,包括宣传、游行、研讨等内容。2013年,巴黎省社会党支部(75省,2001年以来社会党影响力较大的选区)妇女权利委员会曾就2014年市议会选举提出了关于推进巴黎地区性别平等的提案。此类提案在社会党内比较常见。此外,社会党内高层领导团队在职务分工时也将党内性别平等问题列入其中。比如,现任社会党第一书记的工作团队中任命了性别平等问题特别顾问。目前社会党妇女权益部书记阿德琳·阿藏(Adeline Hazan,1956—)兼任了特别顾问一职。

第三,由社会党全国培训秘书处组织的社会党定期培训(Université permanente)和暑期培训活动(Université d'été)中,包括党内民主生活中男女党员地位平等在内的各种性别平等议题得到高度重视。这些培训既包括针对社会党各支部领导团队的专门培训,也包括面向所有普通党员的培训。值得一提的是,社会党重视对青年党员的培训,而向这一人群传递性别平等原则保证了党内相关政策在未来数十年的持续性。此外,社会党的青年组织——青年社会党人运动(Mouvement des Jeunes Socialistes)——虽然在组织形式上相对独立,但也被纳入培训范围,因此性别平等理念也在该组织中得到了传递和巩固。同时,社会党党员通过党内的培训,可以深入了解欧洲当前的问题、对重大经济和社会问题进行研究和学习、围绕时事进行辩论、学习在公众场合演讲、学习主持会议和小组讨论、有效地与媒体进行书面沟通、制定党支部行动计划等,从而提高自己的参政能力。这对于女党员来说,也是非常重要的培训平台。

第四,与社会党内自上而下推进政治参与平等的努力相呼应,社会党女党员群体为自身争取更多发展机遇付出了巨大的努力,这亦是社会党在这方面取得明显成绩的重要原因。比如,2008年社会党党内改革之际,部分女党员在兰斯举行的社会党代表大会上提交了一份关于提高女党员参政地位的提案,获得了很多女党员的响应。此后,这一群体被称为"平等联合会",一直在党内会议上积极推动女党员参选比例的提高,并向社会党领导层提供相关调研数据和决策参考。2012年社会党在图卢兹召开代表大会时,平等联合会再次提出通过"不兼任"原则来增加妇女在政治生活与政治决策中的参与比例和参与深度,这也直接推动了此后《禁止国会议员兼任地方行政职务法》的制定。

四、伊薇特·鲁迪个案

伊薇特·鲁迪是最著名的社会党女性主义者之一,是《女性的奥秘》一书的法文版译者。1962年,她加入了妇女民主运动组织,与埃康等很多当时著名的女性主义者们一起推动了妇女权益的保护和发展。

加入社会党以后,她得到了密特朗的大力支持。随着密特朗当选总统,她也被任命为妇女权利部部长(1981—1986年任职)。鲁迪作风强硬,她宣称,妇女权利部不仅要保障妇女的合法权益不受侵害,更重要的是要改变人们根深蒂固的思想,改变不平等的政治和社会体制。她将提高妇女就业水平作为提高妇女地位的首要任务。尽管当时政府中的女性领导人仍努力维持着自己贤妻良母的形象,并且坚持履行着妇女作为母亲和妻子的应有权利和义务,但鲁迪却将提高妇女地位的重点放在了维护妇女作为"公民"的权利上,因为她认为,妇女首先是公民,是独立自由的个体。

她积极支持妇女享有堕胎权,并主张社会保障将堕胎费用纳入医保报销范围。因此,1982年关于该项内容的立法被称为《鲁迪法》。1983年,她还推动出台了《企业男女平等就业法》。该法案针对的是在雇佣、升职,以及日常工作环境中的性别歧视,要求雇主上报自己企业里的性别平等状况,并且主张雇主与政府签订实施促进性别平等方案的合同。然而这项条款没能得以施行,因为它完全依赖雇主的自觉性,而没有制定配套的惩罚措施。1984年,她还成立了"职业、职称和岗位名的阴性化委员会"①。

　　鲁迪领导的妇女权利部在当时做出了许多大胆的举措,包括资助了许多女性主义组织,其中甚至包括一些并不支持政府的组织;还成立了一个妇女地位调查委员会,任命了不同领域的专家参与其中。委员会由历史学家玛德莱娜·何贝卢(Madeleine Rebérioux,1920—2005)领导,社会学家玛德莱娜·吉尔贝(Madeleine Guilbert,1910—2006)也在委员会中。委员会于1982年发布的报告《不平等社会中的法国妇女》(*Les femmes en france dansunesociétéd'inégalités: rapport au ministre des droits de la femme*)成了妇女权利部制定有利于女性发展的政策的基础。截至1985年,妇女权利部建立了200多个地区性的妇女信息中心,并且发放了成千上万份《妇女权益指南》(*Guide des Droits des Femmes*)以宣传性别平等思想。此外,妇女权利部还在大城镇中建立了许多妇女救助所,并且在教科书中提高了女性人物出现的比例。妇女权利部的种种努力使人们意识到,妇女不应该被看作是一个游离于体制外的"选区",妇女的权益也不应该在政治中被边缘化,因为妇女同男性一样,也是公民,也是独立自主的人。

　　在妇女参政问题上,鲁迪也是其时代最为积极的均等原则和限制兼任的倡导者之一。1992年,欧盟雅典会议之后,她发起成立了"妇女集会"运动,目标就是推动修宪。同年,她也是《577性别平等民主宣言》的签字者之一。1996年的《十人宣言》也是在她的积极推动下问世的。

　　鲁迪从部长职位上卸任之后,曾长期担任市长职务,因而她也具有丰富的基层工作经验。2013年,鲁迪获得了法国政府颁授的最高荣誉骑士团勋章——法国荣誉军团勋章。

---

① 这是因为法语中名词分阴阳性,很多表示职业的名词之前只有阳性,没有阴性。

五、罗亚尔个案

2007年法国总统大选,社会党提名塞戈莱娜·罗亚尔参选,"性别平等成为其竞选关键词之一"①。事实上,罗亚尔本人也正是社会党推行性别平等、社会党女党员努力寻求突破"透明天花板"的一个典型案例。

1952年出生于军人家庭的罗亚尔,在青少年时期曾目睹母亲因无法接受父亲在家庭中说一不二的地位而离开家庭独立谋生。罗亚尔成绩优秀,1978年,她从巴黎政治学院毕业,随后进入培养国家高级管理人才的法国国家行政学院学习。1980年毕业后,她先是在巴黎行政法庭担任法官,后来成为律师。在法国国家行政学院学习时,罗亚尔结识了奥朗德,之后二人成为伴侣并共同育有四个子女,两人在2017年总统选举第二轮结束时正式分手。

1978年,罗亚尔成为社会党党员,正式开始了自己的政治生涯。与同一时代的其他社会党女党员和女性政治人物一样,她的从政道路与密特朗的总统任期密切相关。1982年到1988年,罗亚尔进入总统府的工作团队,先后负责法国青年、体育、社会和环境方面的事务。但是罗亚尔在参加议会选举方面曾遭遇重重困难。不论是在地方议会选举还是在国民议会选举中,能够在合适的选区参加选举就已经具有较大的难度,因为女性候选人常常被指派到选民亲右派、难以当选的选区,而在社会党占据优势地位的选区,男党员并不愿意与女党员分享参选名额。最终,经过自身的不懈努力,罗亚尔在1988年当选国民议会议员,而且是在一个社会党并不占优势的选区当选的。在密特朗的第二个任期中,她被任命为环境部部长。希拉克与若斯潘左右共治时期,罗亚尔先后担任过教育部和家庭儿童事务部的副部长。2007年,她成为社会党的总统选举候选人,并顺利进入选举第二轮,这是第

---

① COULOMB-GULLY M.Présidente:le grand défi[M].Paris:Payot,2012:55.

五共和国历史上第一次有女性候选人进入总统选举的第二轮。罗亚尔第二轮得票率为 46.94%，负于萨科齐。2012 年，奥朗德赢得大选担任总统后，她被任命为生态、可持续发展和能源部部长。

  罗亚尔的发展路线体现出了法国妇女通过政党活动走向政治权力金字塔顶层这一过程的一些共性。首先，巴黎政治学院和法国国家行政学院的学历背景及政治平台，使得罗亚尔有机会较早接触到社会党的高层，从而拥有有利的人脉资源。其次，得到男性领导人的支持，对于女党员来说具有十分重要的意义，往往能够直接推动其职位的提升。密特朗曾经直接支持过一些女党员的参选和行政任命，罗亚尔是其中一个。能够被推举为总统候选人，一方面表明其具有足够的能力从社会党候选人的选举中胜出，另一方面也不能忽视其伴侣——时任社会党第一书记奥朗德的支持。最后，她参加议会选举时所遇到的选区问题，是很多社会党女党员都会遭遇的困境。在法国复杂的选举方式下，能够在本党优势选区参选可以大大提高胜算。1988 年，罗亚尔在非社会党优势选区当选，体现了自身的实力，同时也引发了社会党高层对于这个问题的关注。但是，这个问题目前依然普遍存在，也并不仅限于社会党内部，而是法国女性作为候选人参加选举会遇到的普遍问题。候选人名单方面，在性别比例趋向均衡的事实背后，存在男女候选人在选区分布上的不平衡问题。虽然作为竞选候选人的女党员比例近 10 年来有明显提高，但是男女党员在不同选区的分布情况仍然是一个争论话题。[1] 2012 年的立法选举中，有 39.6% 的社会党男性候选人在社会党影响力占压倒性优势的选区内参加竞选，仅有 25.9% 的社会党女性候选人处于同样的优势地位；而在社会党无法获胜的选区，则分别有 29% 的男性社会党候选人

---

[1] Parti socialiste français [EB/OL]. (2009-05-23) [2017-08-10]. http://www.parti-socialiste.fr/congres/contribution/thematique/contribution-des-egales-parite-dabord-en-finir-avec-le-cumul-des-mandats.

和43.1%的女性社会党候选人参选。这意味着,虽然女候选人比例接近男性,但是女候选人实际当选的几率却低于男性。实际上,法国左右派两大党在这方面采取了一些趋同的做法。①

第二节 欧洲生态—绿党

法国绿党正式成立于1984年,如前文所述,其前身是一个将性别平等融入内部运行机制的政治团体——"彩虹"组织。② 2009年,绿党发起与其他政见相近的党派及相关人士的联盟,共同谋求竞选,该联盟曾以"欧洲生态联盟"(Europe Ecologie)的名字参加选举,2010年正式起名为"欧洲生态—绿党"(Europe Ecologie-Les Verts,EELV,下文为叙述方便,均简称"绿党")。

绿党的主要政治诉求是"生态优先",并有一系列与平等理念相关的政治主张:反对暴力、主张和平、反核反战。在政治参与性别平等方面,绿党非常坚定地支持在各级竞选中男女候选人比例平衡的原则。

一、法国绿党章程中的性别平等原则及其在选举中的实施

对于自20世纪70年代起就积极谋求政治影响力的"彩虹"组织来说,追求性别平等是其主张之一。这一原则在20世纪80年代就被写入了绿党章程并得到贯彻实施。1989年的欧洲议会选举中,绿党在参选时就已经根据党的章程实施了候选人性别平等原则。而这一理念也得到了具体配套措施的支持。

绿党2016年新修订后的《党章》开篇关于基本价值和原则的部分中,明确

---

① SCOTT J W. Parité! L'universel et la différence des sexes M[M]. Paris: Bibliothèque Albin Michel Idées, 2005:73.
② HELFT-MALZ V, LÉVY P H. Les femmes et la vie politique française[M]. Paris: PUF, 2000:81.

指出"确认女性主义在解放妇女和男性方面的价值""反对种族主义和一切形式的歧视,包括与性别、性取向、性别认同、社会或民族出身、肤色、语言、年龄、残疾、疾病或其他情况相关的一切歧视"。

关于党内机制运行的部分则规定,在领导岗位和相应选举的候选人名单中保障性别比例平衡和执行机制中人员的性别比例平衡。《党章》在涉及各级党支部的条款中,也明确要求其成员性别比例平衡。另外,绿党党内设置了政治参与性别平等原则的监督机构——政治性别平等原则及实施监督室,关于该机构的职能和责任均写入了《党章》。政治性别平等原则及实施监督室依据绿党的《党章》和《内部章程》,行使监督职能,确保《党章》所确立的原则的具体实施。根据《党章》,政治性别平等原则及实施监督室每年发布《政治性别平等年度报告》,并与绿党的执行局、全国委员会办公室和章程委员会进行协调对话。

绿党的《内部章程》中对于参政平等原则的实施有着非常详细的描述。比如:在绿党地区政治委员会中,有一部分成员是在党员中抽签选取的,为了保障性别平衡,男女党员分别进行抽签。各级执行局的构成都须保证性别平衡,包括发言人的设置都是一男一女。在参加法国市政、省、大区、全国的议会选举中,也必须提交性别平衡的候选人名单。

从绿党领导机构中成员的构成比例来看(表3-1),性别平等的原则在书记处书记、发言人、执行局、全国委员会办公室、章程委员会等机构中得到了较好的遵守。

表3-1 绿党领导机构中性别比例状况[①]

	书记 (2001年以来)	发言人 (2010年以来)	执行局 (2017)	全党大会办公厅 (2017)	章程委员会 (2017)
妇女人数	3	3	7	2	4
总人数	7	7	15	5	9

① 数据采集计算自绿党官网:http://eelv.fr。

2001年以来,绿党共有7任书记,其中的3位女性书记分别是:多米尼克·瓦内(Dominique Voynet,2001—2003年任职)、塞西尔·杜弗洛(Cécile Duflot,2006—2010年、2010—2012年任职)、埃曼纽埃尔·科斯(Emmanuelle Cosse,2013—2016年任职)。

在参加各级竞选层面,绿党对其性别平等理念的实施落实得比较到位。2012年国民议会选举后,绿党在国民议会中拥有9个席位,其中女议员有6人,占比为66.67%,而整个国民议会577个席位中女议员人数为149人,占比25.82%。① 2017年6月法国立法选举后,国民议会中没有绿党议员。

2017年绿党在参议院拥有5个席位,其中有两名女参议员,科琳娜·布舒(Corinne Bouchoux,1964—)担任参议院文化、教学和通讯委员会的副主席,并兼任男女机会均等团的副主席;艾斯黛·本巴萨(Esther Benbassa,1950—)则担任宪法、立法、全民投票和行政规定委员会副主席。此外,在欧洲议会(共571名议员,女议员约占三分之一),法国绿党也有6个席位②,其中有女议员3人。

绿党人士会用"'结果平等'而非'宣传平等'"这样的话语来形容其取得的成绩。从选举结果来看,绿党的确是法国各党派中践行政治生活选举平等原则成绩最为突出的政党。

二、绿党女性领导人的推动作用及个人从政经历

绿党历任领导人都坚持性别平等原则,并积极推动妇女参政,不断完善绿党内部的平等机制。其中,多米尼克·瓦内和塞西尔·杜弗洛的经历既能体现绿党推动性别平等的主张,也能代表法国妇女典型的参政路线。

出生于1958年的多米尼克·瓦内是绿党的创始人之一,曾经两次代表绿

---

① 数据采集计算自绿党官网:http://eelv.fr/vos-depute-es-ecologistes/。
② 其中一位议员巴斯卡尔·杜朗(Pascal Durand)于2016年离党。

党参加总统竞选,先后当选过国民议会议员、参议员和欧盟议会议员,并担任过市长,是一位从政经历丰富的绿党领导人。1995年,瓦内代表绿党参加总统大选,获得3.31%的选票。1997年的立法选举中,绿党与社会党达成协议,联合参选。右派希拉克任总统时期,法国出现了左右共治的局面,左派社会党人若斯潘组阁,时年38岁的瓦内进入若斯潘内阁,担任国土整治和环境部部长,这也是绿党人士第一次进入政府。她担任部长期间,正值《京都议定书》通过时期,在2000年的海牙气候会议上,瓦内作为欧盟代表团团长与美国代表团进行了激烈争论,她作风坚决,为协议的有效达成做出了贡献。2000年,在一次民意调查中,瓦内被评为法国人希望"在未来法国政治生活中发挥重要作用的左派和生态主义党派人士"之一。① 2001年,瓦内退出政府,开始担任绿党总书记。2004年,借助与社会党的联合,她当选参议员。2007年,她再次作为绿党候选人参加总统选举,获得了1.57%的选票。2008年,她当选蒙特勒伊市(Montreuil)市长,是当时法国在10万以上人口城市担任市长的极少数妇女之一。

瓦内在妇女参与政治问题上态度鲜明,体现了绿党的一贯立场。她认为,在各级选举中,应该通过加强财政措施来促进选举候选人名单中的性别平衡,比如增加对政党执行平等措施不力的财政处罚;她认为多项职务兼任不利于女议员履行职责,应该采取措施限制一人同时担任多项职务。她视教育为实现性别平等的重要路径,呼吁推行没有性别歧视色彩的教育方案。

塞西尔·杜弗洛出生于1975年,2006—2012年先后担任绿党和欧洲生态—绿党的总书记,在推动法国环境保护事业等方面也有引人注目的表现。在奥朗德担任总统时期,她进入让-马克·艾罗的政府担任住房和领土平等部部长。尽管绿党内部对其管理方式有一定争议,但是党内反对她的人士也较

---

① SINEAY M.Profession femme politique[M].Paris:Presses de Sciences Po, 2001:198.

为认可她的从政能力。

在从政生涯中，塞西尔·杜弗洛一直保持着为性别平等发声的习惯，以推动就业、薪酬平等、反暴力等诉求的实现。2015年，法国议会在讨论劳动部提出的修改《劳动法》的《雷布萨门法案》时，9位来自法国左右派不同政党的妇女政治人物①联合表示反对法案在性别平等原则实施方面的倒退。塞西尔·杜弗洛批评该法案计划取消关于企业性别评估指数的条款是历史的倒退，同时她提出应该改变现行的为就业性别歧视行为的企业家进行身份保密的做法，指出应该曝光其身份以推动平等就业。2017年，塞西尔·杜弗洛发起了一次名为"裙子行动"的反性别歧视活动，呼吁社会各界从儿童时期就在教育活动中重视性别平等，呼吁反对针对妇女的暴力行为。

三、绿党党内关于促进妇女参政的措施

绿党对于妇女参政的最大贡献就是率先在党内实施了候选人性别均衡原则，树立了一个典范的政党形象。为了能够更好地实现平等目标，绿党采取了很多具体措施来提升女党员的参政能力，扩大女党员的发展机遇。

首先，在选举流程中，候选人名单中男女党员的排序和候选人在不同选区的分布都会影响选举的结果。所以针对这个环节上可能出现的问题，绿党在内部制定候选人名单时会尽量考虑名单上首位候选人的性别平衡，也会努力将候选人参选的区域纳入性别平等考量的范围，在绿党和左派的优势选区中选派同等数量的男女党员参加选举，而不是像部分政党那样将大量女党员派到其他政治派别的优势选区。这一举措力度大，远远走在了其

---

① 除了塞西尔·杜弗洛以外，还有社会党的伊薇特·鲁迪和奥雷莉·菲利佩蒂（Aurélie Filipetti），保卫共和联盟的妮科尔·阿姆利纳（Nicole Ameline）、卡特林·瓦特兰（Catherine Vautrin）和玛丽-乔·泽梅尔曼（Marie-Jo Zimmerma），共产党的玛丽-乔治·比费（Marie-George Buffet），民主和独立人士联盟（UDI）的尚达尔·茹阿诺（Chantal Jouanno），极端党（Parti radical）的拉玛·雅得（Rama Yade）。

他政党的前面。2004年2月绿党经会议决定,在市镇选举中不遵守候选人性别平等原则的地方支部会遭到缩减公共资助预算的惩戒,缩减幅度最高为10%。

其次,注重从党的最高层面到地方层面管理机构中的性别平衡。绿党早在2005年前后就提出要在绿党中央、地区、市政机构中实现各委员会主席和副主席男女比例平衡。虽然目前除了其最高领导机构的数据以外,地方层面相关数据难以采集,但是这一措施针对的是从上到下整个领导机制的性别比例,具有一定的前瞻性。2015年绿党的性别平等工作报告指出,鼓励地方党支部建立性别平等机构,促进地方层面的女党员参与。

再次,绿党提出男女干部所负责的部门权责的平衡,避免将妇女限制在一些社会工作部门,如幼儿园、住房等,提出应该对各类职务的任免从性别角度进行评估。这一措施针对的是政府部门中妇女通常被安排在教育、家庭、青年、社会保障等被认为与妇女性别特质相关的岗位上的做法。

最后,绿党针对妇女在从政过程中遇到的实际困难,采取了一些便利措施来提高女党员的参与能力。绿党政治性别平等原则及实施监督室2006年发布的《妇女与城市》的文件中所包含的三大主题第一个便是"政府治理、机构民主运行",这是法国政党提出鼓励妇女从政措施较为具体的一份文件,其中主要建议措施如下:支持妇女当选人,报销其雇用他人看管儿童的费用,报销其参加政治演讲培训的费用;修改市政相关会议的时间(改为周六上午、或者是18点至21点等时段)以方便妇女成员的参加;行政机构在组织论坛、研讨时注意参与者的性别平衡;设立更多的性别平等监测机构。

第三节　共和党

共和党是经过多次整合的法国右派大党,最早可以追溯到1947年戴高乐成立的法国人民联盟。1976年,希拉克将之更名为保卫共和联盟。2002年,保卫共和联盟联合了一些小党派,整合成人民运动联盟。2015年,人民运动联盟再次更名,称"共和党"。

右派传统上对于妇女社会角色的观点就趋于保守,与左派相比有很大差距。在妇女参政方面,更是一直远远落后于左派社会党。20世纪八九十年代,由于党内缺乏促进女性候选人数量提高的意愿,只有极少数的女性候选人能够参加立法选举。2000年《男女竞选公职平等机会法》实施后,该党也多次因为未能在市镇、大区等要求实施候选人名单性别平等原则的选举中不达标而被处以罚金。

一、历任领导人在参政性别平等方面的消极态度和缓慢变化

右派第一大党的历任领导人在妇女参与政治生活方面的态度反映出的实际上是法国天主教传统的性别观,但是随着法国社会性别平等的意识加强,该党的立场经历了一些缓慢的变化。

虽然戴高乐是1944年赋予妇女选举权和被选举权法令的签署者,也是第五共和国的缔造者,但这并不意味着他从内心认同政治生活中的性别平等原则。他更为重视女性的传统家庭责任,并不认为女性可以涉足政治。法国学者马里耶特·西诺则指出:"戴高乐1958年回归政坛,提出实施国家机构现代化,以实现政治的现代化。然而,关系到权力在两性之间的分享,共和国的新篇章表现出了局限性。"[1]戴高乐执政时期任用的政府官员大多出身于巴黎资产阶级上层,以技术官僚为主,除了少数曾经参与抵抗运动的女性,妇女基本被排斥在外。在他执政的10年当中,仅有两名妇女进入内阁,而总统府更是没有女性高级顾问人员。对于女性官员的能力,戴高乐持相对怀疑的态度,并

---

[1] SINEAU M. Profession femme politique[M]. Paris:Presses de Sciences Po, 2001:27.

曾经否决过优秀年轻妇女担任重要职务的任命。在1963年接受法国《快报》(L'Express)的采访时,戴高乐曾不加掩饰地表达了他认为妇女应该在家相夫教子,而不是参与政治和公共事务的想法。

蓬皮杜执政时期在妇女参政、进入政府高层方面仍然保持了保守风格。他任期内的两个内阁分别只有一位和两位女性国务秘书。在总统府,蓬皮杜任命过两位女性官员,一位担任技术顾问,另一位是总统府办公厅主任。但是这些任命与其说是蓬皮杜政府在女性参政上的进步举措,不如说是女性参政水平随社会发展的自然进展。

虽然戴高乐和蓬皮杜执政期间妇女在内阁和议会以及各级政府中的比例都非常小,但是法国妇女运动在这一时期却取得了重大进展,社会氛围的变化也对右派的立场产生了影响,推动了德斯坦时期采取促进妇女参政的举措。

需要指出的是,德斯坦并非保卫共和联盟的成员,他是法国当时右派第二大党——独立共和党的领袖,在就任总统时期与戴党人士合作组阁。他本人对于妇女运动和妇女诉求高涨的关注和认同也起到了非常关键的作用。德斯坦在《法国民主》(Démocratie française)一书中谈及妇女运动时说:"我坚信,她们的特质,她们看待世界的方式和改造世界的方式会为社会的发展做出根本性的贡献。……我经常想到,我们的社会可以从妇女的参与中获得敏锐、想象力和现实主义的潜能。"[1]在其任内,法国内阁的妇女比例提升到了10.5%。为了促进性别平等,德斯坦还采取了另外两个前所未有的措施:一个是建立了法国妇女地位国务秘书处,由弗朗索瓦丝·吉鲁领导。吉鲁上任后提出的100多条改善妇女地位的措施中有80多条被内阁采纳。这一机构的建立使得妇女地位得到了极大的提升。德斯坦的另一个贡献则是将堕胎合法化,从而推翻了1920年法国政府针对堕胎的禁令,使得法国妇女获得了生育自由,

---

[1] D'ESTAING V G. Démocratie française[M]. Paris: Fayard, 1976:75-76.

从而为其更好地接受教育、就业和从政提供了条件。需要指出的是,德斯坦本人支持妇女权益的举措并不意味着当时整个右派内部已经就妇女的社会地位问题达成共识。1979年,保卫共和联盟的国民议会议员中有相当数量的人对韦伊提出的堕胎法案投了反对票。他们的理由是:堕胎的主张是对道德规范的挑战,并不是真正考虑妇女对自己身体的自主权。

20世纪90年代希拉克执政时期,密特朗时期女权保护的成果,加上法国社会妇女参政呼声的加强,对右派形成了较大压力。希拉克当选后,曾有8个右翼妇女团体于1996年组成同盟,要求法国民主同盟和保卫共和联盟为女议员在立法选举中保留更多的可赢席位。尽管该同盟的诉求没有得到积极的回应,但这却成了促使各政党开始正视提高妇女地位、保护妇女权益问题的一种推动力。右派政府开始在提高妇女比例方面做出一些努力,但是效果和持续性并不稳定。总理阿兰·朱佩的第一届内阁中有12名妇女,但是这届内阁只持续了5个月,之后朱佩的第二届内阁中的妇女人数就降到了4名。由于党内的反对力量,仍然只有少数的女性候选人能够参加到立法选举中。在1993年的立法选举中,保卫共和联盟的候选人中只有6.3%为妇女;1997年仍只有7.7%。[①] 1998年,保卫共和联盟声称将女党员的人数扩大到5万名。在此过程中,希拉克本人的立场显得比戴高乐和蓬皮杜要更为积极。德斯坦推动女性入阁时期,希拉克就曾经对西蒙娜·韦伊的任命表示过支持。此外,由于左右共治的出现,希拉克为了与左派总理若斯潘进行竞争,也表现出支持妇女参政的积极态度。当时若斯潘政府在国家重要部门的重要岗位上均任命了一些女性,希拉克则根据总统权限,在由9名成员构成的宪法委员会中任命了3位妇女,以示不居其后。此外,男女性别平等观察所的成立也是右派在这一背景下提出的创议。但是右派整体上,包括希拉克本人,对于妇女参政的推动仍然

[①] D'ESTAING V G. Démocratie française[M]. Paris: Fayard, 1976:75-76.

处于一种相对保守的姿态,尤其对选举的配额制始终持保留态度。到希拉克第二任期的左右共治时,他与左派若斯潘政府之间仍然有很多意见相左之处。1998年法国修宪时,希拉克曾坚持在宪法有关男女平等部分中使用"égalité"一词,而不使用带有配额制色彩的"parité"一词。

2007年萨科齐接任希拉克入主爱丽舍宫时,《男女竞选公职平等机会法》已经实施数年,对于政治生活氛围产生了深刻影响。实际上,早在1997年法国立法选举中社会党获胜出现左右共治时,萨科齐就认识到了性别问题是一个绕不过的政治话题,需要务实面对,他称:"我们在选举前曾经嘲笑过社会党的女候选人,现在我们在国民议会的走廊里时时相遇。我们要吸取教训。"[1]萨科齐就任总统后成立的政府中有7名女性,其中包含多位移民后裔的年轻女性官员,比如拉希达·达提(Rachida Dati, 1965—)[2]、拉玛·雅得(Rama Yade, 1976—)[3]、法德拉·阿玛拉(Fadela Amara, 1964—)[4]等,他将右派执政时政府女部长比例推到高峰,但后来政府重组后,妇女比例有所下降。萨科齐最受女性主义者诟病的,是其担任总统期间所推行的退休制度改革以及关闭了法国数十家人工流产中心。前者的内容对于妇女来说十分不利,后者则导致法国很多妇女必须到邻国接受人流手术。此外,在其任内,《薪酬平等法》没有得到实施这一点也倍受批评。

二、共和党党章及相关规定

作为右翼第一大党,不论是出于党内管理的需要,还是出于维护自身形象以及争取选民的需要,共和党逐渐开始重视性别平等问题。虽然不如社会党

---

[1] SINEAU M.Profession femme politique[M].Paris:Presses de Sciences Po, 2001:255.
[2] 拉希达·达提为摩洛哥裔,在萨科齐时期任司法部部长,是法国政府中第一位马格里布裔部长。
[3] 拉玛·雅得为塞内加尔裔,在萨科齐时期曾先后担任外交与人权国务秘书、体育事务署和法国驻联合国教科文大使。
[4] 法德拉·阿玛拉为阿尔及利亚裔,在萨科齐时期曾担任城市政策国务秘书。

旗帜鲜明,性别平等原则仍然被其写入了党章。人民运动联盟 2008 年版的党章第二条规定:"联盟团结拥有共同目标的法国妇女和男性。联盟保障其内部各种政治主张的自由表达。联盟保障男女政治平等原则在党内生活和竞选活动中得到遵守。"

2015 年,人民运动联盟更名后,共和党在其章程中保留了该条款。共和党内部章程对于选举候选人指定中的性别平等也进行了明确的规定:"在每次地方或国家选举前,在政治局的建议下,成立候选人遴选委员会,委员会奉行性别平等的原则。"

共和党内并没有如社会党或绿党那样成体系的机制或措施,来促进女党员领导人提升和参选几率的提升,更多的是依靠女性党员自身的呼吁与努力。目前共和党内部设有负责男女平等专员一职,担任该职务的是玛丽-乔·泽梅尔曼。共和党内部很多女党员一直希望能够效仿左派,得到更多当选机会。2017 年大选筹备期间,玛丽-乔·泽梅尔曼曾向萨科齐提出,在向选区分派候选人时,应该注意女党员的比例和当选几率。

从法国人民联盟到保卫共和联盟,到人民运动联盟再到共和党,法国右派第一大党的历史上只有过一位女性党主席,即米歇尔·阿利奥-玛丽(Michèle Aliot-Marie, 1946—)。但从共和党的领导机构看,妇女的比例近年来有明显提高。2017 年年底到 2018 年年初的共和党最高领导机构中,组成政治局的四名最高级别成员中有两位男性(总书记和财政主管)和两位女性(副书记和秘书长)。在全国委员会由选举产生的 80 名成员中,有 40 名女性和 40 名男性。这说明,共和党在党内实施性别平等原则方面取得了进步。

三、米歇尔·阿利奥-玛丽个案

不论是在右派第一大党内部,还是在整个法国政坛,米歇尔·阿利奥-玛丽是女性从政个案中色彩最为鲜明的。

米歇尔·阿利奥-玛丽于 20 世纪 80 年代初步入政坛,曾经担任过市政议员、市长等职。家庭的影响在她个人的发展中发挥了基础性的角色。其父曾经担任市长、国民议会议员,她早期就是父亲参选时的替补人选。这在法国妇女参政案例当中并不少见。

密特朗担任总统时期也是法国历史上第一次左右共治时期,当时希拉克担任总理,她作为教育国务秘书进入其政府;第二次左右共治时期,在巴拉迪尔的政府中,她担任青年和体育部部长。她多次当选国民议会议员,并曾先后进入国民议会的外交和国防委员会,这为她之后担任相关职务积累了经验。希拉克当选后,她未能进入阿兰·朱佩政府,但她投身于党内事务,在保卫共和联盟内部赢得了相当的声望。1999 年,她当选保卫共和联盟主席。

到希拉克第二任期时,她在党内的角色以及在希拉克当选中的作用得到了认可,让-皮埃尔·拉法兰(Jean-Pierre Raffarin)组阁时,她被任命为国防部部长,她是法国第一位女性国防部部长,同时也是联合国常任理事国中第一位女性国防部部长。她任职期间,一直努力推动法国军队职业化,还曾经提出要建造法国的第二艘航母(计划未实施)。2006 年,她进入《福布斯》"世界最有影响力的妇女"榜单,排名第 57 位。2007 年,米歇尔·阿利奥-玛丽有意参选总统,发起了名为"橡树"(le Chêne)的政治运动,但最终她选择了支持萨科齐参选。萨科齐上任后,任命她为内政和海外领土部部长(ministre de l'Intérieur de l'Outre-mer et des Collectivités territoriales),负责法国的情报体系改革。2009 年,她在克洛德·盖昂(Cladue Guéant)政府中担任司法部长。2010 年,政府再次重组,曾传出萨科齐考虑任命米歇尔·阿利奥-玛丽担任总理的消息,她本人在接受《费加罗报》采访时称:"如果这是总统的决定,那么必须做好准备。"表明了其积极的意愿。但最终她被任命为外交和欧盟事务部部长,成为法国第一位女外交部长。四次担任部长,并且均是内阁要位,米歇尔·阿利奥-玛丽大大突破了妇女常被任命为教育、家庭、青年等相关事务职务的局限性,这些经历使其在法国妇女政治人物中的任职纪录保持至今。

作为右派杰出的女性政治人物,米歇尔·阿利奥-玛丽对于女性参政问题的立场极其鲜明,她反对《男女竞选公职平等机会法》,认为配额制贬低了女性的尊严,认为能力是唯一的选择标准。她认为女性和男性掌握的权利并没有差异,方法和责任都是一样的,性别相比于责任和能力来说是次要的。她提出不能把政治参政平等这个概念教条化,因为必须依据称职来挑选人才。但是,她也认可议会和政府应该代表全社会的利益,因此其成员必须包括男性和女性。

四、玛丽-乔·泽梅尔曼个案

如果说米歇尔·阿利奥-玛丽是右派第一大党取得最杰出成绩的女性个案,那么玛丽-乔·泽梅尔曼则是最能够代表捍卫女性参政权的右派女性。

玛丽-乔·泽梅尔曼出生在一个戴高乐派家庭,曾经是一位历史—地理①教师,1981年加入了保卫共和联盟。1986年,她成为立法选举候选人。1989年,她当选地方议员,拥有比较丰富的市政、大区层面的从政经验,在党内的地位也逐步提升。2012年,她当选为国民议会人民运动联盟党团的副主席。

因其坚定的女性主义立场,玛丽-乔·泽梅尔曼在2002年被希拉克任命为性别平等观察所的总报告员,并任职到2009年。同时,她还担任过国民议会妇女权利议员团的主席,任职至2012年。

她尤为关注妇女在政治生活和就业领域的参与情况,她提出的衡量企业董事会和行政管理层人员性别均等的指标计算方法被称为"泽梅尔曼指数"(indice Zimmermann),其贡献可见一斑。"泽梅尔曼指数"包含三个评估指标:一是董事会成员性别构成和其中女性职责的权重,二是执行机构或岗位上

---

① 根据法国小学教师培养标准,教师应有能力教授各门学科课程,在课程体系中,历史和地理合并为"历史—地理"科目。

的性别构成(包括总裁、董事长兼总经理等),三是企业中女干部的比例。

泽梅尔曼主管性别平等观察所时,竭力吸引媒体对该机构的关注以及对于参政性别平等问题的重视,经常举行记者招待会发布相关的研究报告。她认为这是提高全社会对于性别问题认知和关注度的途径。在她的推动下,性别平等观察所对国家和地方层面上妇女参政水平进行持续跟踪研究并提出建议。在名单选举中采取男女候选人按一男一女顺序排列的做法能够得到采纳,与她主导的调研和其本人在总统府及总理府所做的工作不无关系。

玛丽-乔·泽梅尔曼曾经说:"即使我不在性别平等观察所、不在议员团里了,我也坚定地认为自己必须为妇女群体而战斗。这是我的承诺。"[1]

第四节　国民阵线[2]

如果说右派第一大党在性别平等方面只是缺乏动力,并不反对性别平等原则,并且在左派和社会发展的压力下采取了相关措施,那么国民阵线则是一个传统上被视为"反女权"的政党,而且该党派的性别主张与其反移民的立场结合在一起,成为法国社会和政界的一个独特现象。

国民阵线是法国的极右派政党,因敌视移民的极右言论致使其近20年来在法国政坛和整个欧洲都具有一定的知名度和影响力。该党的前身是1972年成立的新秩序党。1972年至2011年,让-玛丽·勒庞担任党主席,之后其女玛丽娜·勒庞接任至今。20世纪80年代国民阵线在法国政坛成为黑马,在1986年的国民议会选举中一举获得35个议员席位。2002年,让-玛丽·勒庞参加总统选举,得票超过社会党候选人,以第二名的身份进入总统选举第二

---

[1] ZIMMERMANN M-J, et al. Marie-Jo Zimmermann: un engagement dans l'espace de la cause des femmes[J]. Histoire@Politique, 2012(2):87-97.

[2] 2018年,国民阵线改名为"国民联盟"(Rassemblement National)。本书为叙述方便,仍沿用旧名。

轮,虽然最终未能当选,但引发了法国社会乃至整个欧洲对于极右势力的警惕。2015 年,国民阵线在大区选举第一轮中得票第一,然而却在第二轮惨败,又一次引发了法国政坛的震动。叙利亚战争引发的难民潮在一定程度上也影响了法国部分民众对于极右观点的接受程度。

国民阵线的基本主张是反对女权的,该党认为妇女的主要角色就是生育和抚养子女,其性别观与其极右主张有着一定的内在联系。

与前面三小节不同的是,本节重点关注国民阵线性别观的问题,一方面是为了展现传统性别观在法国社会中的存在,另一方面也是为了说明性别问题与很多社会问题和政治问题交织在一起的复杂性。

一、国民阵线的传统性别观

国民阵线的传统性别观源于家庭观。在其政治理念中,家庭是社会的核心,这一点在《纲领》中得到了明确。国民阵线家庭政策的三个核心词分别是"意志主义的""提高生育率的"和"有雄心的"。① "生育"之重要性一目了然。国民阵线对于妇女角色的定位正是围绕这一理念展开的:妇女应该是属于家庭的,其主要职责就是扮演"母亲"的角色,生育并抚养子女;妇女的责任是通过保障家庭的稳定来保障社会的稳定。根据这一角色设定,妇女角色和职责进一步被分为两个方面,一个是生育和繁衍,一个是家庭中的文化和价值观传承。

与生育相逆的节育和堕胎,因此成为国民阵线所坚决反对的内容。国民阵线创立和初步发展的时期正是法国妇女运动的一个高潮期,当时妇女运动的核心观点就是:妇女的首要身份是与男性平等的"人",而不是"妻子"或"母亲",妇女应该积极努力去获得与男性平等的权利。因此,妇女的节育权是这

---

① Front national.Notre projet Programme politique du Front national[EB/OL].(2017-08-10)[2018-09-01]. http://www.frontnational.com/le-projet-de-marine-le-pen/.

一阶段最重要的诉求之一。对西蒙娜·韦伊提出的堕胎法案,国民阵线持激烈的反对意见。不仅因为赋予妇女这项权利会直接影响其扮演"母亲"的角色,也因为法国人生育率下降,而移民人口生育率上升,会影响法国社会的人口比例。直到该法案实施近40年后的2014年,让-玛丽·勒庞仍然坚持自己的观点:"必须说服法国妇女,她们绝对必须承担生育的任务。"当然,外来移民即使拥有法国国籍,也不被包括在他所说的"法国妇女"范围内。

此外,在国民阵线的主张中,妇女既要负责人口的繁衍,也要负责传递法国的传统价值。因此,国民阵线坚持要维护婚姻稳定、家庭稳定,对于处于单身、离异、同居状态的妇女或同性恋都表现出不同程度的歧视,甚至认为非婚生儿童都是导致法国社会弱化的一个因素。这一观点实际上也与对移民的防备密切相关,因为移民的价值观在其看来对于法国的文化传承是一种严重的威胁。①

在此认知下,20世纪后半叶以来妇女运动所推崇的教育权、就业权、薪酬平等、政治参与等内容基本不为国民阵线所认可,也没有在其纲领中得到体现。即使是面对着法国妇女已经进入各行各业,拥有高就业率的现实,国民阵线仍然没有放弃呼吁妇女回归家庭的主张。2012年,在欧洲危机的背景下,该党提出鼓励生育的政策,强调家庭是社会的核心。2015年3月,国民阵线欧洲议员多米尼克·马丁(Dominique Martin)甚至在欧盟议会称,"应赋予妇女留在家中的自由",认为这有利于孩子的教育,并可以解决部分失业率问题。② 这一观点遭到了法国女性主义组织的严厉批评。

在政治参与方面,国民阵线认为,妇女参政与捍卫家庭价值是相悖的,所

---

① 张莉. 右翼民粹主义、选举政治与法国国民阵线[J]. 国际政治研究,2007(2):80-91.
② FIGARO. Un eurodéputé FN prône le droit des femmes à rester chez elle [EB/OL]. (2015-03-26) [2017-08-10]. http://www.lefigaro.fr/politique/le-scan/insolites/2015/03/26/25007-20150326ARTFIG00369-un-eurodepute-fn-prone-le-droit-des-femmes-a-rester-chez-elles.php.

以不主张通过给予妇女特别的待遇以帮助其获得高级别的职务。让-玛丽·勒庞曾经表示政府也不需要设置保护妇女权利的部委,只需要执行现有法律。他本人对于政敌甚至本党女党员的态度都比较生硬甚至是敌视。1997年,在一次国民阵线的集会上,他使用了一张极端的图片,呈现出将杰出的社会党女党员卡特琳娜·特洛特曼(Catherine Trautmann,1951—　)的人头放在托盘里的画面,因为后者经常批评国民阵线的方针路线。① 对党内表现过于突出,同时展现独立思想的女党员,勒庞也难以容忍。1988年的法国国民议会选举中,国民阵线党员亚娜·皮亚特(Yan Piat,1949—1994)表现不凡,获得了国民阵线在议会的唯一席位,但由于其个性鲜明、追求自主独立精神,最终与勒庞决裂并退党。但她的个案却被勒庞用于证明妇女参政"不需要特殊待遇"的观点,并用于回击公众对于国民阵线不重视妇女参政的质疑。勒庞称:"1989年到1993年,国民阵线在国民议会中唯一的代表就是一名妇女。"②对于法国2000年以来实施的以促进妇女参政、提高妇女在各级议会选举中的参选比例和当选率为目标的《男女竞选公职平等机会法》,国民阵线则称之为"区别主义的意识形态",认为促进妇女参政的措施其实是对白人男性的歧视,仍然力图将妇女限制在家庭领域当中。法国作家安德烈·莫罗阿(André Maurois,1885—1967)的一段话似乎为国民阵线的传统性别话语立场做出了精确的注解:"不要以为我是想贬低她们的价值,我只是把她们安放在应该安放的位置上。她们和现实的接触比男人更直接,但要和完全的素材对抗、奋斗——除了少数例外——却并非她们的专长。女人真正的创造是孩子。"③

正是由于这些公开的立场,国民阵线不仅是法国女性主义组织眼中的反

---

① SINEAU M.Profession femme politique[M].Paris：Presses de Sciences po，2001：129.
② Haut Conseil à l'égalité entre les femmes et les hommes. Questionnaire aux candidat-e-s à l'élection présidentielle Observatoire de la parité Jean-Marie LE PEN (FN). [EB/OL]. (2007-04-12) [2017-08-10]. http://www.haut-conseil-egalite.gouv.fr/IMG/pdf/le_pen.pdf.
③ 莫罗阿.人生五大问题[M].傅雷,译.北京：生活·读书·新知三联书店，1986：27.

面典型,长期以来也遭到相当一部分女性选民的憎恶。法国的女性主义者认为,如果国民阵线掌权,会给个人自由、性别平等造成很大的威胁。

二、促动国民阵线进行性别话语转变的因素

进入 21 世纪以来,国民阵线在性别问题上的话语有所转变,总体趋向温和,不再否认妇女发展的事实,并试图打造出一个保护妇女的政党形象。

法国各界的评论通常认为玛丽娜·勒庞接替其父执掌国民阵线是转变的节点,一方面是因为其个人风格和表达方式与其父有所区别,另一方面是因为由妇女担任党的最高领导人,在一定程度上改变了公众对于国民阵线即反女权的固有印象。玛丽娜·勒庞不仅开始引入"性别平等"的概念,甚至会在讲话时引用西蒙娜·德·波伏娃等女性主义者的言论,给人以实现转折的印象。但实际上,对于妇女话题的话语在此之前就已经有所变化,让-玛丽·勒庞任国民阵线主席的最后一个阶段已表现出了态度上的缓和,开始减少使用极端话语;一些相关政策和主张也始自让-玛丽·勒庞时期。

究其原因,主要有以下几点:

首先,法国社会中妇女地位的现状使国民阵线意识到社会氛围的变化,坚持反女权的激进表态显然与大势相悖。半个多世纪以来,法国女权的发展不容忽视,妇女对社会的贡献也是不争的事实。所以,国民阵线必须改变从前的极端言论,显示出更符合时代特点的姿态,在相关议题的社会讨论中占据话语权和道德制高点。

其次,国民阵线的话语转变更是基于自身改变形象、争取选民的迫切需求。因其极端路线和让-玛丽·勒庞的种种极端言论,国民阵线被左右派政府、学术界、女性主义组织以及公众视为对法国社会和价值观的重大威胁,甚至有妖魔化的趋势。2002 年,让-玛丽·勒庞进入总统选举第二轮引发了法国政坛乃至整个欧洲的震动,法国左右派合力发动选民进行抵制。所以,玛丽

娜·勒庞推行"去妖魔化"策略,重建国民阵线公众形象。与"反移民""反欧洲一体化"这两大主张相比,在性别问题上切入更容易取得效果。法国共产党学者阿芒蒂娜·菲利普(Amandine Philippe)甚至认为,在国民阵线的"洗白策略"中,妇女问题占据了核心地位。① 在逐步改变国民阵线反女权形象,建立起妇女权益保护者形象方面,玛丽娜·勒庞的确取得了明显的成绩。

最后,国民阵线内部女党员比例约占 45%,其地位也在不断提高,这一方面有利于玛丽娜·勒庞对其党派形象"去妖魔化"的努力,另一方面也对国民阵线所竭力架构的以家庭、生育、教育为核心的传统妇女形象形成了挑战,凸显了其自我矛盾的一面。所以,采取一些话语的调整也能够对此有所弥补。

三、国民阵线性别话语近年的转变及其局限性

国民阵线性别话语的趋温和化表现在其关于生育、经济地位、政治参与等主题方面的表态和主张上,但是其局限性也十分明显。国民阵线的家庭观在数十年中没有改变,对妇女角色的定位也没有根本性变化。

首先,在生育方面,国民阵线很早就不再公开反对妇女人工堕胎,因为这导致了社会压力和女性选民对其的警惕心态。该党采取了较为委婉的表述方式,其现行纲领称:"对于妇女来说,不堕胎是她们的自由选择,应该更好地避孕,更好地了解相关知识,应教育家长们有责任感。"通过"不堕胎也是妇女的自由和权利"这样的表述,可以使部分选民对其印象得以改观。

然而,国民阵线相应地提出医疗保险不应该报销人工堕胎的费用,实质上是通过经济手段减少堕胎的实施。国民阵线也没有放弃一旦掌权便将通过全民公决来决定是否停止实施《韦伊法》的意图。

在近年来移民问题的严重性日益突出的背景下,国民阵线对妇女生育责

---

① PHILIPPE A, Le FN et les femmes, un tournant féministe? [EB/OL]. (2016-06-13) [2017-09-15]. http://projet.pcf.fr/89398.

任的基本观点的坚持并不令人惊讶。该党认为,需要提高法国人的生育率来抵消移民及生育造成的法国人口构成的变化。从2000年至今,法国出生率保持在12‰—13‰左右,而父母一方为外国人或父母均为外国人的新生儿比例却有明显增加,①这令国民阵线感到不安。2014年法国举行欧盟议会议员选举时,玛丽娜·勒庞曾表示,应对欧洲人口老龄化的绝佳方案,并不是欧盟所计划的吸纳移民,而是提高所谓真正法国人的生育率,而妇女固守家庭和生育的角色正是这一主张的保障。2015年,国民阵线欧洲议员在欧盟议会投票时反对了比利时社会党议员提出的关于保障妇女享有对自己的生育、健康自主权的一项提案。

其次,国民阵线经济政策中涉及妇女的内容,基本只局限在与生育和教育相关的领域,用以保障妇女承担生育和教育子女的责任。2007年,法国性别平等观察所对总统候选人进行了问卷调查,了解他们对于妇女问题的态度。在问卷中,让-玛丽·勒庞强调要设立"父母工资",专门发放给专职教育子女的父亲或母亲,并使之可以享受到与工薪阶层同样的退休保障和社会保障,因生育而中断职业生涯的妇女也能够享受到退休保障。"父母工资"一词的选择力图淡化对妇女家庭角色的凸显,其同时覆盖了父亲和母亲,但是目标人群显然是妇女。2012年大选中,玛丽娜·勒庞直白地提出"坚守家庭就是妇女的进步",强调"妇女常要承担因抚养子女而中断工作的经济后果",以妇女保护者的姿态自居。2016年,玛丽娜·勒庞在3月8日国际妇女节的讲话中谴责欧盟不关注妇女权益,称:"那些将子女教育置于首位,致力于向子女传递有益于自我建构的传统价值的妇女,没有得到任何的支持和关注。"②国民阵线还

---

① INSEE.Tableaux de l'Économie Française Édition 2016[EB/OL].(2016-08-01)[2017-09-20].https://www.insee.fr/fr/statistiques/1906667?sommaire=1906743&q=taux+de+natalite.
② Front national.Communiqué de presse à l'occasion de la journée de la femme[EB/OL].(2016-03-25)[2017-09-20].http://www.frontnational.com/2016/03/communique-de-presse-a-loccasion-de-la-journee-de-la-femme/.

主张增加对于子女众多的家庭的补贴,并将单身母亲列入特殊住房补助的受益人群中,希望以此来保障生育率的提高。

与此同时,在妇女经济权利方面,国民阵线没有提出保护妇女就业的明确主张。对于男女同工同酬、提高就业率等社会经济问题,国民阵线极少触及,最多只在参加总统竞选时模糊带过,强调收入差异应该建立在能力、资历和职务的区别上。在提及薪酬不平等时,国民阵线领导人往往会指出妇女在某些高收入行业中占据优势地位,如教育、卫生和司法行业,而男性集中在建筑等收入相对较低的行业,对妇女占据高比例的一些低薪行业绝口不提。

但国民阵线中也有少数党员在一些场合表态并不反对女性主义,认为性别平等已经是社会发展的既有成果,妇女应该享有平等的受教育、就业和薪酬平等权利等,表现出了观念上的进步。

最后,随着玛丽娜·勒庞在法国政坛的崛起,国民阵线在妇女参政问题上相应获得了一种无须自我证明的优势。离异、独自抚养子女、担任国民阵线主席,玛丽娜·勒庞个人的经历已经在一定程度上改变了国民阵线反对妇女进入公共领域的形象,是该党女党员发展的一个典型范例。1968年出生的玛丽娜·勒庞很早就在政坛崭露头角,曾经在巴黎、加莱等地担任大区议会议员,2004年当选欧盟议会议员。2012年,玛丽娜·勒庞作为国民阵线候选人参加总统选举,获得了17.9%的选票,这也是国民阵线领导人参加总统选举的最高得票数。2015年,国民阵线在大区选举第一轮中得票第一,虽在第二轮中惨败,却又一次引发法国政坛的震动。2011年和2015年,玛丽娜·勒庞两次进入美国《时代周刊》全球最具影响力100人名单。即使她的个人发展路线一定程度上得益于其父,但是她的能力和成绩已然不容否认。法国学者诺娜·迈耶(Nonna Mayer)甚至认为,女性选民与男性选民在投票中表现趋同,她们并非因为玛丽娜·勒庞的言论而投票,而是因为"国民阵线的去妖魔化的成果以及玛丽娜·勒庞与其父相比减少了威胁感的个人特质"[1]。

玛丽娜·勒庞也并非国民阵线内部罕见的成功妇女案例。根据2016年该党官网发布的数据,作为权力核心的执行局拥有7名成员,仅有党主席玛丽娜·勒庞一人是妇女。然而,其政治局42名成员中,有12名妇女,占比约28.6%。2011年,国民阵线中央委员会由党员投票选举出的100名成员中,有35名妇女,占比35%,而1996年时该数据仅为5%。[2] 最令人惊讶的是,曾经投票反对《男女竞选公职平等机会法》的国民阵线在各级选举中,也能够按照该法律的规定,提交男女比例符合法律要求的候选人名单。以2012年国民议会选举为例,国民阵线提出的572名候选人中有289名妇女,远远优于左右派两大党——社会党和人民运动联盟。这从另一个侧面证明国民阵线女党员的发展已经形成一定的规模。可以认为,国民阵线自身的发展已经与其性别观形成了悖论,而这种悖论客观上对国民阵线形象的改善不无助益。

但我们也必须看到,国民阵线依然反对法国政府在政治参与中推行性别平等的做法,在其党内保持了不区分性别的运行原则。国民阵线党内没有专门设置提升女党员领导力、保护女党员的部门。在其内部运行的《章程》中,没有任何关于性别平等或促进女党员发展的内容,"性别""平等""妇女"等字眼均未出现。

总体看来,国民阵线的性别观实际上继承了法国传统性别角色定位,如果说之前让-玛丽·勒庞的言论更为极端,玛丽娜·勒庞则根据时势进行了调整,但仍然保持了基本内容,即不否认妇女对社会的价值,但强调妇女的位置在家庭中。

国民阵线性别话语中最受抨击的一点,是把妇女问题与移民问题结合在

---

[1] MAYER N.The closing of the radical right gender gap in France? [J].French Politics, 2015,13(4):391-414.
[2] HELFT-MALZ V,LÉVY P H. Les femmes et la vie politique française[M]. Paris:Puf, 2000:82.

一起。2015年12月31日,科隆性侵事件发生后,玛丽娜·勒庞曾在脸书发表言论称:"移民在科隆制造的性侵事件伤害了妇女的尊严和自由,我们有责任保护妇女的尊严和自由。"她还引用波伏娃的话,"不要忘记,一次政治、经济或宗教危机就足以导致妇女权利受损",称"担心移民危机会引发妇女权利的终结"①。国民阵线其他党员也纷纷表示移民潮影响了妇女权利发展的成果。这表明,国民阵线对性别问题立场的调整既有应对现实发展需求的一面,同时也与其敌视移民的基本观点保持着根深蒂固的联系。

法国学术界、左翼人士和女性主义组织对于国民阵线利用性别问题来宣传其极右主张的做法表现出了极大的警惕。法国巴黎政治学院学者雅尼娜·莫叙-拉沃(Janine Mossuz-Lavau)提醒说:"玛丽娜所提出的纲领中,强调的仍然是生育。"话语的转变并不意味了国民阵线摒弃了传统立场,法国学者塞西尔·阿尔度伊(Cécile Alduy)称之为"话语的装饰"②。

尽管遭到批评,玛丽娜·勒庞却通过性别话语的转变迅速获得了一部分女性选民的支持,尤其是35—49岁年龄段妇女的支持。法国民意调查机构Ifop的观察员热罗姆·富尔盖(Jérôme Fourquet)分析认为,这个年龄段的妇女更为关注安全问题、育儿问题和青少年犯罪问题,同时也受到工作和家庭双重压力的干扰,所以更容易被国民阵线吸引,尤其是普通阶层的妇女。③ 在让-玛丽·勒庞担任党魁时期,因其极端言论,国民阵线对于女性选民来说几乎是最没有吸引力的政党,而她本人也遭到多数女性选民的厌恶。④ 但玛丽

---

① 资料来源:欧洲一台官网:http://lelab.europe1.fr/avec-la-crise-migratoire-marine-le-pen-craint-le-debut-de-la-fin-du-droit-des-femmes-2649923。
② ALDUY C. Nouveau discours, nouveaux succès[J]. Pouvoirs, 2016(2):17-29.
③ L'effet Marine, avocate et mère de famille moderne[EB/OL]. (2011-07-02)[2017-11-07]. http://rue89.nouvelobs.com/2011/07/02/comment-le-fn-de-marine-le-pen-drague-les-meres-de-famille-211760.
④ SINEAU M. La force du nombre Femmes et démocratie présidentielle[M]. Paris: L'édition de l'aube, 2010:80-81.

娜·勒庞在2012年总统大选中获得的选票近半数来自女性选民,占女性选民总人数的18%;而2007年总统大选中,仅有7%的法国女性选民投票给国民阵线,低于10.44%的男性选民投票率。[1] 其性别话语的成功可见一斑。

国民阵线的发展提醒着法国社会,女性发展的道路仍然曲折,即使是女性整体对自身的认知和定位也有可能发生停滞甚至倒退,再加上各种复杂的经济政治因素,因此应保持警醒,切实保障和推动性别平等的实现。

---

[1] ROUCHEUX M.Présidentielle 2012:une femme sur cinq vote Front National[EB/OL].(2012-09-23)[2017-11-07]. http://www.terrafemina.com/auteur/marion-roucheux_a312/1.

第四章
法国女性主义组织与妇女参政

二战之后,法国女性主义组织得到了长足的发展,在维护妇女权益、争取平等权利等方面一直进行着不懈的努力。长期以来,法国女性主义组织的工作重点更多集中在反对性侵犯、反对暴力、争取避孕权、自愿终止妊娠权、就业平等和薪酬平等等方面,这大大加强了妇女参政所需的社会文化基础,有利于妇女参政水平的提升。而且,女性主义组织在发展过程中往往与政党(尤其是左派政党)、工会等其他组织形成一定合力。此外,作为民间组织,女性主义组织在发展和行动过程中,也往往受到政府行为的影响:它们一方面想要承担"院外集团"的角色,另一方面由于自身的限制,很难保障资金来源,需要争取政府补贴,与官方机构保持千丝万缕的联系,形成互动。

总体而言,法国女性主义组织数目众多,但将目标专门定位在妇女参政诉求方向的女性主义组织数量则相对较少。本节重点关注促进妇女参政的女性主义组织的状况,主要通过典型个案分析观察其行动方式和面临的问题。

第一节　法国促进妇女参政的女性主义组织的发展

在分析促进妇女参政的女性主义组织的具体活动之前，首先需要对 20 世纪后半叶以来法国女性主义组织的发展有所了解。

一、20 世纪后半叶以来法国女性主义组织的发展

二战结束后，法国政府将工作重点放在国家经济的复兴和发展上，妇女发展问题未能得到足够关注，女性主义组织的发展也比较缓慢。1949 年波伏娃《第二性》的出版使性别话题逐渐受到更多重视，推动了妇女运动的发展。但是直到 20 世纪 60 年代，女性主义运动才真正进入发展期。20 世纪 50 年代，由于政府鼓励生育，女性在生育中遇到的问题得到更多关注。妇科医生玛丽-安德烈·拉格鲁阿·韦耶-阿雷 (Marie-Andrée Lagroua Weill-Hallé, 1916—1994) 于 1956 年创立了"幸福生育"协会。第一章提到的倡导避孕的"法国计划生育运动"也是在这一时期成立的。

20 世纪 60 年代，妇女运动继续发展，而 1968 年的"五月风暴"运动是法国女性主义组织进入重要发展阶段的一个节点。在当时的政治集会和活动中，妇女的声音十分微弱，而针对妇女的侮辱和谩骂却数不胜数。1970 年，妇女解放运动组织成立。该组织主张女性掌握对自身身体的权利和自由，反对男权社会，支持法国计划生育运动组织提倡的避孕和堕胎权，呼吁妇女全面享有平等权利，并组织游行、讨论和请愿活动。该组织的努力反映出法国妇女试图弄清楚当时社会现象产生的原因和根源，希望能够用行动打破妇女普遍的沉默。工会组织也开始研究妇女劳动者的状况，法国劳工民主联盟同年公布了一份调查报告，分析了包括家庭在内的多种结构单位里的社会支配关系以及妇女受到的剥削情况，明确指出：妇女首先在意识形态中

就处于低下地位,因此她们是从属于资本和男性的。①

将"性别平等"主题作为其主要行动方向的主要还是1970年之后成立的一些女性主义组织,如"选择妇女事业"组织。1971年,《343宣言》发表后不久,吉塞勒·阿利米和波伏娃共同创办了"选择妇女事业"组织。该组织起初致力于推动堕胎合法化,后支持政治参与性别平等的推进。吉塞勒·阿利米为突尼斯裔法国人,律师,曾经积极支持突尼斯和阿尔及利亚的独立。20世纪60年代,她参加了左翼的妇女民主运动,致力于社会主义与女性主义的结合,并在选举中支持密特朗。1972年,一个法国女孩被强奸后做了流产,女孩的母亲和两个朋友也因帮助女孩流产而获罪,吉塞勒·阿利米为其进行巧妙辩护,并引发媒体的关注,最终争取到了女孩的无罪释放及其母亲和朋友的缓刑。这一案件对于后来坠胎法案的通过发挥了很大的助推作用。吉塞勒·阿利米曾经是性别平等观察所的成员,主笔过有关妇女参政问题的报告,并曾积极参与推动了《男女竞选公职机会平等机会法》等法案的通过与实施,也积极推动欧盟性别平等原则在法国的落实。1979年,她在欧洲议会选举时就提出,欧洲各国立法应该在性别均等方面协调一致。这一不懈努力到2010年终于取得了成果:法国国民议会通过决议,将这一原则付诸实施。

20世纪70年代,支持女性主义组织和妇女运动的政党主要是法国左派政党,如法国共产党,也包括极左派的"共和国万岁党"和"无产阶级左派党"等政党,这也赋予了这一时期的法国妇女运动强烈的革命色彩。需要看到的是,由于极度依赖政党来开展行动,造成了政党政策的不稳定性,这也成为制约法国女性主义组织发展的重要因素。

到20世纪80年代后期,由于法国各工会中的女性主义立场自身并不稳定坚固,已基本失去话语影响力。经过几十年的努力,法国民间妇女运动除

---

① JANE J.Le féminisme en France depuis mai 68[M]. Revue d'histoire:Vingtième Siècle, 1989:55-68.

了在堕胎问题上取得了胜利,同时得以重新定义社会性别关系之外,在其他方面不仅取得的成果十分有限,并且自身也面临重重分歧。20世纪80年代,法国妇女运动取得的进步主要有:1982年,每年的3月8日在法国正式成为妇女日,但同年宪法委员会驳回了"在市镇选举中将25%的名额分配给妇女"的提案;次年7月,法律正式规定违反男女平等原则可受到刑事处罚;1986年,在伊薇特·鲁迪领导的委员会的不断努力下,法国开始推广提倡在法语中使用各项职业及职务名称的阴性形式。

20世纪90年代,法国妇女运动继续前行并不断取得成果。1995年,在女性主义者数年的不懈努力下,法国先贤祠终于同意接受居里夫人的骨灰,使之成为法国首位因自身成就而被先贤祠认可的女科学家;同年,旨在推动妇女参政的男女平等观察所成立,将平等参政提上日程,成为热点。1993年,法国《世界报》和《577平等民主宣言》呼吁在国民议会及地方议会中实现男女比例均等;1999年年末,法国宪法通过修订,确认在各项选举中促进男女平等,并规定各政治党派和团体"要为实施这一原则做出贡献"……这一个个看似微小的进步,都凝聚着众多女性主义者艰苦的努力。

显然,这个时期推动参政性别平等的民间组织的发展与各政党女性主义者的努力分不开。事实上,正是推动配额制、均等制的女性主义政治人物创立了这一时期新兴的女性主义组织。正如第二章中所述,1992年雷吉娜·圣克里克创立的"男女均等"组织和伊维特·鲁迪创立的"妇女集会"组织就是其中的典型案例。这些组织组成的"妇女为政治平等而战"联盟直接促成了《577平等民主宣言》的诞生。而1994年数十家女性主义团体进行了一系列关于妇女与政治的推进活动,亦造成了很大影响,为《男女竞选公职平等机会法》的问世营造了有利的社会氛围。

可以说,法国女性主义组织的发展主要始于20世纪80年代,兴于90年代,盛于2010年之后。这一点与法国妇女解放运动的发展历程基本相符。

据不完全统计,目前法国仅巴黎大区(包括巴黎市,以及瓦尔德马恩、塞纳-圣但尼、上塞纳、伊夫林、瓦尔德瓦兹、塞纳-马恩和埃松七个省)就有近200个女性主义组织,以争取公民权利、职业平等、妇女在社会及公共领域平等地位为诉求的组织数量占总数的六成以上,达到130个。① 从创立时间上看,1980年后登记注册的女性主义组织占绝大多数,其中又有半数以上成立于20世纪90年代以后。

值得一提的是,法国女性主义组织在近几年发展蓬勃、势头强劲,这一点可以从于贝蒂娜·奥克莱尔中心(Centre Hubertine Auclert)②成员统计数据中得到相应的佐证。作为一个为众多法国女性主义组织提供支持的重要机构,2010年10月,该中心成立满一周年时,其下属成员组织为43个③;而到了2016年5月,成员数量已增至146个,包括111个民间协会、12个工会以及23个地区联合会。④ 不到6年的时间,成员数量就增长了两倍以上。

虽然相关参考资料较少且缺乏系统性,但是可以看出,法国女性主义组织的所在地主要还是集中在巴黎大区。即便如此,大部分组织仍是全国性协会,活动范围并不仅限于首都巴黎。有的组织在外省多地设有分会机构,负责当地的活动组织和资料收集,同时也方便成员接触更大范围的受众,扩大活动影响。另外,一些女性主义组织还积极加入国家和国际层面的联合会。这些联合会往往是将有同一类型诉求的不同组织集合起来,以便彼此更好地沟通合

---

① 整理自于贝蒂娜·奥克莱尔中心"法兰西岛争取妇女权利及男女平等组织分布图"。CentreHubertine Auclert. Les associations franciliennes [EB/OL].(2010-05-07)[2018-12-01]. http://asso-idf.hubertine.fr/.
② 于贝蒂娜·奥克莱尔中心成立于2009年,以法国最著名的女性主义者之一——于贝蒂娜·奥克莱尔的名字命名,致力于各领域的男女平等的实现,反对一切形式的性别歧视,推广性别平等教育,并协助相关组织的活动。
③ CentreHubertine Auclert. Le livre blanc des associations féministes franciliennes [EB/OL].(2011-06-19)[2018-12-12]. https://m.centre-hubertine-auclert.fr/sites/default/files/fichiers/livre-blanc-hubertine-web.pdf.
④ CentreHubertine Auclert. Les missions [EB/OL].(2010-05-07)[2018-12-12]. http://www.centre-hubertine-auclert.fr/les-missions.

作、互相支持。同时,这些集合在一起的组织也拥有了更大的整体影响力,提出诉求时也能达到更好的效果。

法国女性主义组织可大致分为组织联合会、普遍性诉求组织、特定领域性组织、工作委员会、媒体、资料中心以及研究机构等不同类型。① 从活动诉求来看,普遍性诉求组织往往同时在多重领域中活动。而在针对特定主题活动的女性主义组织中,与"反对暴力""反对性别歧视""反对卖淫""保护妇女人身安全"等领域相比,以"促进妇女参政"为单一且明确目标的组织总数仍然偏少,比较突出的组织有"伊亦社""妇女联盟"等。更多女性主义组织更倾向于将"性别平等"或"职业平等"作为诉求方向,妇女参政问题则显得相对模糊,被纳入争取"两性平等""社会生活平等"之类的大范围课题中。这一点说明法国女性主义组织多数希望在横向上拓宽活动领域,尽可能多地触及所有不平等问题。同时,这也展现了它们渴望接触更广泛的受众,且已具备了相应的能力。

二、法国政府对女性主义组织的支持和影响

从 20 世纪 60 年代至今,法国政府与法国女性主义组织的关系经历了不同的阶段。1965 年 9 月,法国成立了首个专门解决妇女问题的政府机构——妇女劳动问题研究及联络委员会。该委员会"将国家公共行政和女性主义组织之间的直接联系以制度化模式固定了下来"②。然而,这个机构虽是应女性主义组织的要求而产生的,但不享有国家财政的支持,并且只有咨询职能,甚至直到 20 世纪 80 年代,它的作用也只不过是提交妇女就业的相关报告和数

---

① 此处参考了女性主义组织"相合会"(Adéquations)的分类方法。Adéquations, Les organisations françaises de femmes et féministes: contacts et propositions [EB/OL]. (2015-06-22)[2018-05-07]. http://www.adequations.org/spip.php? article1473.
② DAUPHIN S.Les associations de femmes et les politiques d'égalité en France: des liens ambigus avec les institutions[J]. Pyramides reoue du centre detudes et de recherches en administration publique,2011(6).

据供立法机构参考,其意见可有可无,毫无强制性。

20世纪70年代,法国政府和民间组织的关系更多处于对抗状态。1968年"五月风暴"后,新一代的女性主义者发起的妇女解放运动反对女性主义组织的传统活动形式,她们的活动方式主要为游行、发传单等,诉求主要集中在堕胎问题及身体自由方面,也没有要求政府为实现男女平等建立专门的负责机构。而之后政府在与其的沟通中,因该运动本身没有组织结构,反而是原先的女性主义组织以及受这些女性主义者批判的、新成立的女性主义组织承担了对话角色——致力于促进妇女参政的"选择妇女事业组织"便是在此期间成立的。法国政府和妇女解放运动之间的沟通不畅,导致了双方互不理解。政府将妇女生存环境和家庭环境归于一类,由一名官员负责;而妇女劳动问题则由另一名官员负责。这一安排意味着包括社会权利在内的妇女固有权利的一系列相关问题,都被法国官方归类于家庭保护这一层面。这与妇女解放运动人士的主张完全相悖。可以说,20世纪70年代末期的女性主义者不愿放弃激进主义,法国政府希望通过设立机构进行对话回应的愿望没有实现。

进入20世纪80年代,法国政府与民间组织的关系开始逐渐稳定,相互间的信任和认可度有所提高。在1981年法国总统大选期间,选择妇女事业组织在两轮投票之间组织了主题为"对妇女而言,谁当总统?"的辩论。作为唯一一位同意参与辩论的候选人,密特朗获得了吉赛·阿里米领导的妇女解放运动的支持。之后他所设立的妇女权利部,是切实享有国家财政预算的部门,他所任命的伊薇特·鲁迪也是一位真正的女性主义者。

在这一时期,法国女性主义组织,尤其是妇女解放运动,开始调整活动策略,从举行大规模游行等激烈方式转为积极扩大影响力,以润物细无声的方式进行渗透。同时,妇女权利部和各女性主义组织之间进行了良好的沟通:民间组织愿意认可官方机构的存在,也积极寻求并乐于受到官方的承认;妇女权利部则承诺为某些项目提供资金支持,而这对于捉襟见肘的女性主义组织来说,也是激动人心的好事。这同时也意味着国家政策的转变,即要求女性主义者以协会的形式在政府登记注册,并以此获得政府资金补助的资格。

直至今日,法国女性主义组织总体上都与政府保持着紧密的联系。对它们而言,官方设立的相关机构一直都是最为重要的对话者,由官方和民间协同合作。女性主义组织非常关注官方机构的变化,对其人事或组织结构的改变十分敏感,因为这种改变往往表明了它们与国家之间的合作可能性的大小,以及在争取妇女权益问题上能够取得的进展程度。

20世纪90年代中期,法国政府应女性主义组织的要求成立了男女平等观察所。但该观察所仍是一个参考咨询性质的机构,没有运营预算,只是一个在妇女参政问题上提供思考的平台。在最初的构建中,女性主义组织也没有成为其合作成员,直到1998年,致力于推动妇女进入政治领域的这些女性主义组织才得以在这一机构中占有一席之地。2002年,男女平等观察所向法国总理府提交了关于推动男女参政均等化的报告。报告正文74页,附录却有141页,而附录很重要的一部分是对相关人士的访谈记录,采访对象除了法律专家、各妇女权利委员会主席和各政党领导人外,还有五位女性主义组织的负责人,如"妇女联盟"主席伊薇特·鲁迪,"妇女公民及社会协会"副会长西尔维·于尔里克(Sylvie Ulrich),伊亦社主席弗朗索瓦丝·佩利索洛(Françoise Pelissolo),国家妇女权利联合会负责人弗朗辛·孔特(Francine Comte),以及"决裂女性主义联合会"会长莫妮克·当泰尔(Monique Dental)。这也反映出官方机构对民间组织一定的重视程度。

20世纪80年代中期,妇女运动进入相对低潮时期,妇女权利部被裁撤。90年代,妇女运动因诉求政治平等而得到新的发展时,男女平等观察所设立,这说明官方机构设立、撤销的反复变迁,在很大程度上也受到了女性主义组织自身发展起伏的影响。总体来说,与右派领导人的合作效果相比,在左派政党掌权时期,法国女性主义组织所提出的诉求收效更佳,左派政党的支持力度相对较大。这也与 20 世纪六七十年代法国妇女运动的发展历程相符。而政府设立的相关官方机构即使在国家行政体系中只承担咨询作用,并无实际权力,也仍是女性主义组织摇旗呐喊、努力组织社会运动后所获得的政府层面的回应和支持。

三、法国女性主义组织的行动方式

无论是争取教育平等、就业平等,还是寻求政治平等、妇女参政权,大部分法国女性主义组织所采取的行动方式主要都集中在以下几个方面:[1]

首先,最主要的行动就是向政府施压,要求、督促当局真正落实有关男女平等的法律规定,并执行配套的惩罚条例。以性别平等、争取权利为目标的法国女性主义组织可追溯至 19 世纪末,然而它们真正开始有影响力,并且得以推动政府设立专门负责平等政策的行政机构,则要追溯至 20 世纪 60 年代初。

法国女性主义组织对政府施压,要求建立沟通平台,以便于其与官方机构共同探讨妇女就业问题。上文提到的妇女劳动问题研究及联络委员会就是女性主义组织在对政府施加影响的行动中取得的一大成果。随后,法国女性主义组织时而采取游行等激进方式(20 世纪 70 年代),时而采取温和的合作态度(20 世纪 80 年代后),但无论如何,它们行动的主要目的都是希望借此影响政府对相关问题的态度。在一些以政治权利平等为诉求的女性主义组织持续要求下,性别平等观察站也是民间组织在推动妇女发展、提高妇女参政水平道路上的一个胜利。如今,一些法国女性主义组织仍会受到政府不同部门的邀请,进行对话和讨论,为政府提供参考意见。部分享有一定学术或行业声誉的女性主义组织领导人,本身就与政坛的联系较为密切,比如妇女联盟的历届负

---

[1] Centre Hubertine Auclert. Le livre blanc des associations féministes franciliennes [EB/OL]. (2011-09-25) [2018-12-12]. https://m.centre-hubertine-auclert.fr/sites/default/files/fichiers/livre-blanc-hubertine-web.pdf.

责人就都曾身处政界,能够影响政府的政策导向。这也是民间组织影响政府的重要行为方式之一。

其次,接待前来咨询的人士,普及宣传妇女权利,为她们提供帮助,支持并肯定妇女们在工作中的价值,如:鼓励妇女拓宽职业选择面,帮助她们建立个人生活和职业生活的平衡点;督促雇佣单位在人力资源管理上重视性别平等。

再次,进行性别问题研究,并组织培训项目。很多女性主义组织都在这方面做出了很大努力,比如,国家女性主义研究协会每年都会刊发法国性别研究年鉴;相合会定期会以男女平等和反对歧视为主题,开展培训课程或工作坊形式的讨论—辩论会。此外,一些女性主义组织也会邀请专家学者,开展以妇女权利和女性主义为主题的培训。

最后,根据不同人群的特点,进行针对性宣传和普及工作,让更多人了解基于性别的陈旧观念的危害、日常生活中存在的性别歧视以及妇女应该享有的权利,提高各年龄层普通人对这些问题的敏感程度。

此外,法国女性主义组织还借助包括话剧、电影等在内的文化活动,丰富行动方式方法,扩大受众面,增强影响力。同时,为了推动妇女享有更为实际的参政权利,帮助更多妇女进入政治领域,它们也努力寻求国际合作,与欧洲、非洲等其他国家的协会组织合作,开展不同类型的项目工程。

需要特别提到的是,几乎所有法国女性主义组织都十分重视针对学校和学生开展活动,包括中小学课堂内外的活动以及面向大学的宣传活动,受众不仅包括学生,还包括教职人员。整体来说,这些活动的主题都是为了向青少年宣传"男孩—女孩平等"观念,但是这一广义概念下实际涉及很多不同层面的主题,比如性别暴力、性教育、打破性别上的陈旧观念,等等。具体到促进妇女参政的女性主义组织来说,它们选择的主题更多的是宣传"均等化""职业多样化",并告诉年轻人即使在一些传统观念认为是男性行业的领域,如科技、政治、建筑等,也不乏优秀妇女工作者的身影。

女性主义组织也依靠各种媒体，比如通过发行刊物、建造网站以及借助社交网站来进行宣传。无论是报纸、杂志还是网络，都十分有利于追踪最新信息，因此也最紧跟实事，可以随时进行关于政治权利平等之类的辩论。很多女性主义组织定期发表期刊，汇总相关领域最新问题，讨论研究成果并进行活动预告或总结。

而相比20世纪六七十年代，类似大规模游行等参与人数过多的活动则相对较少。究其原因，首先是因为法国女性主义组织数量众多，各自诉求也较为纷杂，所有组织联合起来统一行动的困难较大；其次，此类活动不便动辄举行，这种方式在社会中的接纳和好感程度已经不高，甚至有边缘化趋势。

不能不提的是，有一部分法国女性主义组织在欧洲委员会、联合国妇女署等地区或国际组织承担了咨询职能，这也成了它们重要的行动方式之一。

以于贝蒂娜·奥克莱尔中心的下属组织为例，在43个成员组织中，有9家协会是欧洲或国际组织成员，它们承担了妇女权益相关问题的辩护职责，例如：相合会、计划生育协会等组织加入了SUD协调会①。当法国对外合作政策中涉及与性别相关的争议问题时，它们得以通过SUD协调会的性别委员会游说法国外交部，最终影响其在欧盟甚至国际范围内的外交政策；GAMS联合会②是"非洲人之间"委员会的创立者之一，在反对伤害非洲妇女儿童健康的传统习俗中起到了重要作用；"窝巢运动"组织（Mouvement du Nid）则是欧洲取缔嫖娼联合会创始成员之一。③当然，最有代表性的当属欧

---

① 该组织的法文全称为 Coordination SUD - Solidarité Urgence Développement，即团结—紧急—发展协调会。
② 该组织的全称为 Groupe pour l'Abolition des Mutilations sexuelles, des Mariages forcés et autres pratiques traditionnelles néfastes à la santé des femmes et des enfants，即致力于废除生殖器切割、逼迫婚姻及其他损害妇女儿童健康的传统习俗的团体。
③ Centre Hubertine Auclert. Le livre blanc des associations féministes franciliennes [EB/OL]. (2011-09-25) [2018-12-12]. https://m.centre-hubertine-auclert.fr/sites/default/files/fichiers/livre-blanc-hubertine-web.pdf.

洲妇女游说团法国协调会。该协调会成立于1991年,是欧洲妇女游说团的成员之一。欧洲妇女游说团集合了欧盟27个国家的妇女组织及欧洲层面的民间妇女组织,注册成员超过2,500家,在欧洲女性问题上扮演着举足轻重的角色,因此也是与欧洲议会、欧盟部长理事会、欧盟委员会等欧洲各机构直接对话的代表性组织。联合了77个法国妇女组织的法国协调会,在欧洲妇女游说团中显然承担着重要职责。2000年起,法国协调会已在联合国经济及社会理事会中获得了咨询地位,每年都要参加在纽约联合国总部召开的联合国妇女地位委员会大会,以及在日内瓦召开的联合国人权理事会大会。针对关于法国妇女状况的官方报告,协调会负责准备相应的补充性报告,并在法国参会代表团中承担起专家的角色。同时,通过联合国这个平台,欧洲妇女游说团法国协调会得以加强与其他国家及地区的妇女组织的联系与合作。2010年,协调会在法语国家与地区国际组织的支持下,牵头举办了法语国家与地区妇女及女性主义组织研讨会。此外,协调会长期以来通过自身的国际影响力,致力于推动落实联合国安理会第1325号决议,在妇女参政、妇女更多参与预防和解决冲突的决策、寻求平权等议题上加大影响力。[1]

第二节 法国女性主义组织个案研究

法国女性主义组织数量繁多,大小不一。正如前文所说,将推动妇女参政作为唯一诉求的法国女性主义组织数量很少。这里选取在此领域最为重要的三个组织,即伊亦社、相合会和妇女联盟,分别进行介绍分析。这三个组织不仅规模可观,而且运营管理规范有序,可算作众多法国女性主义组织的翘楚。

---

[1] Coordination française pour le Lobby Européen des Femmes [EB/OL]. (2000-07-05) [2018-10-25]. http://www.clef-femmes.fr/.

同时，它们的行动均未采取激进的方式，因此也更具有普遍参考意义。

一、伊亦社

伊亦社创立于1992年，最初是由6家妇女协会联合而成。① 这6家协会分别为：妇女天主教总行动，妇女民主同盟，市女议员及妇女民选代表联合总会，阿尔萨斯妇女，盐粒会谈以及妇女公民及社会协会。和其他很多女性主义组织不同，伊亦社的活动目标单一且明确，即：推动各级选举中的两性比例均等。尽管驻地在巴黎，但是它的活动范围涉及法国全境，有10家下属协会（如妇女民主同盟、卢瓦尔地区妇女民选代表等），并且还在布列塔尼等9个省份设有分站，从组织规模和影响力来看，其都可算作法国女性主义组织尤其是关注妇女参政问题的女性主义组织中最重要的力量之一。

伊亦社的规划清晰，除了有明确连贯的活动目标外，还有比较完善的基本章程，规定了其活动主旨在于维护妇女权利，推动妇女行使其权利，保证组织内部的多样性及独立性，即不依附任何政治党派或宗教机构。伊亦社的组织结构较为齐整：每个下属协会都有一两位负责人，分站设有综合负责人，由这些人组成管理委员会。伊亦社有主席2人（共同负责）、副主席3人，另有财务主管、财务副主管各1人，地方责任人1名，以及秘书及副秘书各1名，这些人均隶属伊亦社办公室。这样的人员配置基本可以保证组织的日常运营，也为其活动提供了基本支撑。伊亦社的对外网站制作精良、结构清晰、更新及时，十分便于查询组织的相关信息和活动安排。从内容上看，信息也很丰富翔实，每次活动均有相应的计划安排、内容回顾以及媒体反响等内容，从活动设计到事后总结都有始有终，如此完备，实属难得。通过比较可以看出，在法国众多女性主义组织中，伊亦社在日常运行和活动组织方面确实具有典范性。

---

① AUSSI E. La Charte d'Elles aussi [EB/OL].(1992-11-13)[2018-10-25]. http://www.ellesaussi.org/index.php/elles-aussi/la-charte#.

伊亦社的活动范围分为国家层面和地方层面两部分：从国家层面来说，主要是通过制定并提交建议，推动政府通过立法或其他实际操作方式来确保各层选举中男女比例平衡。而到了地区这一级别，其行动则更为具体，即帮助妇女们进入、参与政治领域活动，在这一过程中陪伴她们，为她们解决困难。这一层面的活动方式显然更为丰富细致。具体来说，首先是提出相关的书面主张、法律提案，或组织相关活动，争取实现男女比例真正均衡，比较有代表性的是该组织于 2007 年提出的 10 项建议①。其次，针对某地的议员或候选人，伊亦社会安排组织会面，介绍议员和候选人相互认识、建立联系。另外，伊亦社也会对已当选的妇女进行访问调查，了解她们的工作境况，总结她们的经验教训；伊亦社也负责组织各种研讨会，规模从地区范围、法国国内到全欧洲级别都包括在内。此外，它还会发布各种宣传资料，比如公开信、资料手册、请愿书、新闻稿等。

本节将通过伊亦社的三项重要活动来探讨该组织的行动方式及影响力。

（一）举办不同主题的研讨会

2012 年，时值伊亦社成立 20 周年。当年 11 月，伊亦社举办了以"男女比例均等：不断变化的民主"为主题的大型研讨会。② 会上播放了伊亦社 20 年来为争取男女比例均等所做的努力的回顾视频，发布了"比例均等之玛丽安娜

---

① 10 项建议具体如下：(1)所有选举候选名单都严格执行男女候选人交替。(2)所有选举区均推选男女各 1 名共两位议员。(3)省议会一级选举候选人名单男女比例均等。(4)所有行政机关必须符合男女比例均等。(5)取消兼任国家级别职务和地方行政职务。(6)同一职务只可续任一期。(7)竞选期内可享有完整或部分带薪休假。(8)享有 1 个例如育婴假的公民带薪假。(9)认可获选议员的经历经验。(10)任职单位负责儿童及需陪伴人士的看护工作。参见：Adéquations. La parité en politique, lois, chiffres, propositions [EB/OL]. (2011-05-16)[2018-10-25]. http://www.adequations.org/spip.php?article1622.
② AUSSI E. Colloque sur le statut de l'élu·e local·e [EB/OL].(2012-11-29)[2018-10-25]. http://www.ellesaussi.org/index.php/nos-actions/les-actions-en-cours/colloque-sur-le-statut-de-l-elu-e-local-e.

奖"2011—2012 年度行动总结,围绕"文化层面的革命:男女比例均等"这一主题进行了圆桌讨论,在主席宣布接下来的各项活动计划之后,时任法国妇女权利部部长的纳贾特·瓦洛-贝勒卡塞姆(Najat Vallaud-Belkacem,1977—　)做了名为《政治领域两性均等之前景》的总结发言。

2014 年,伊亦社在里昂举办研讨会,关注点落在了女议员身上,主题定为:"我们想要的地方民主是什么? 相关地方议员之法规。"其中的两次圆桌讨论题目分别为"地方议员法:老生常谈!",以及"身处国家中心的议员之言"。这次研讨会的参与人数近 130 人,大多数为地方议员。大家在第一个圆桌讨论时间内充分辩论,分享了很多自身遇到的案例;而第二个圆桌讨论的发言人主要是市长和大区议员。研讨会后,伊亦社在之前提出过的 10 项要求的基础上加入了新的内容,又总结出了 8 条建议,包括"不再允许任期无限增加""允许议员参与培训""减少议员人数,利用现有方法重新分配补贴"等。①

法国市镇合作局作为地方权力机构,在居民日常生活中表现出的重要性也日益明显。但是男女比例均等法在这一级别议会中并不强制要求执行,因此相比同级别的城市或地区,市镇议会中妇女比例有着明显的差距。2015 年,伊亦社在法国全国范围内进行了关于市镇议会中妇女地位的问卷调查,内容包括人数、职位、职责范围等。同时,由于法国面临行政区域重新划分和重组,在目前妇女人数已经很少的情况下,2020 年的市镇选举是否最终能做到男女比例均衡,也是伊亦社十分关注的问题。因此,2016 年 3 月,该组织在法国参议院组织了一场相关的研讨会:一方面,向大家公布 15 年的调查结果(书面报告长达 37 页);另一方面,围绕"2020 年前景,区域重组与市镇机构中的男女比例均等问题"进行圆桌讨论,在充分辩论后,由负责行政区划的国务秘书做了最终结语。

---

① AUSSI E. Parité:la démocratie en mouvement Elles aussi, depuis 20 ans [EB/OL]. (2013-11-09) [2018-10-25]. http://www.ellesaussi.org/index.php/nos-actions/les-actions-recentes/colloque-du-19-novembre-2013.

法国数家媒体对研讨会进行了报道,在一定范围内引起了反响和讨论。①

(二)"地区议员经验能力总结"行动②

伊亦社组织的活动侧重点各有不同,其中,"地区议员经验能力总结"项目主要是针对在市议会或市镇议会中当选的议员,帮助他们培养任职期间所需要的能力。新当选的议员可通过参与这个项目更好地了解自身特点,明确议员身份在个人职业生涯中的定位,为身份和职位变化做好应对准备,制订切合实际的工作计划,培养、获取并提升自身参政能力,学会和其他议员进行经验上的分享和沟通。需要指出的是,尽管伊亦社是女性主义组织,活动的初衷是培养妇女领导能力,但是在实际操作中,这样的培养项目针对的人群并不局限于妇女参政者,而是所有希望得到帮助的人士,毕竟女性主义组织的存在并非是要"割裂"性别,相反,是要在努力提升妇女能力的同时,让国家机器运行得更为合理顺利。

培训整体分为两个步骤:

第一步是进行"自我认知",即确认个人能力范畴(包括职业内外不同层面的能力),根据相应指标对能力进行数量和质量的分析定位;确认议员任期在个人职业生涯中所处的阶段,明确在其之后的事业中,这段经历会成为何种动力;认识并明确其在管理、沟通以及决策过程中的个人行为模式等。

第二步是"模拟练习",即制订各项目计划,寻找项目审核所需要的信息要素(地理资源、人力资源等);明确此项目本身所蕴含的资源、障碍、限制以及机遇;挖掘线索和可行性要素,并制订相应的行动计划,如经验认证、培训、直接

---

① AUSSI E. Nouvelle organisation territoriale et parité dans les intercommunalités [EB/OL].(2016-03-30)[2018-10-25]. http://www.ellesaussi.org/index.php/nos-actions/les-actions-en-cours/etude-et-colloque-sur-les-epci.
② AUSSI E. Les acquis de l'élu-e local-e [EB/OL]. (2013-09-05) [2018-10-25]. http://www.ellesaussi.org/index.php/nos-actions/les-actions-recentes/colloque-du-19-novembre-2013.

研究等；确定相应的沟通方案。

在"地区议员经验能力总结"行动活动手册中，伊亦社通过访问上百名职务不同的地方参政者（包括女性和男性），收集并整理他们的工作实例和经验，按不同能力要求列出了"项目执行""宣传沟通""代表动员""谈判调解""判断决策"和"管理安排"6个主题，而每个主题下都有多种真实案例供受训者参考。比如，"宣传沟通"一栏下有诸如"您要定期组织媒体见面会来介绍您所任职城市的文化政策及所组织的文化活动""您为工作团队设立了每月一次的聚会，方便副手和议员们彼此交流"等场景假设。这几十个案例为新参政人士提供了很好的熟悉和学习的机会。另外，在手册中，伊亦社还列举了新当选的参政者应该掌握的知识领域，提醒他们做好准备，比如应提前了解清楚所任职机构的任务和运行方式、各当选人的角色及职责、合作机构的任务和运行模式、基本行政程序、规章制度、政府和企业之间的关系情况，等等。此外，伊亦社在工作方法和态度上也给出了一些建议，比如做好资料收集工作、评估已有工作成果、认真听取他人谈话、学会拒绝，等等。

这个项目提供8—16个小时的面对面培训，包括单人谈话、小组访谈、当面或者远距离陪同辅助等，并拟写培训者的能力手册。而培训费用一般由相关单位或者是政治党派的培训部门负责。

这个项目实际是对议员参政经验的一种认可。个人经验的分享可以帮助有意参与政治领域的潜在候选者，特别是女性候选人更好地进行职业规划，让她们更有信心地进行这一领域的工作；同时，这样的经验总结也可以帮助地方参政人士更清楚地了解自己在任期内获得了哪些能力上的进益，从而推动他们自身权利的保障，比如，涉及地方议员选举相关进程的内容。

从2011年到2014年，不断有媒体对伊亦社的这个活动项目进行报道，这也从侧面体现了"地区议员经验能力总结"项目的持续性和影响力。

(三)玛丽安娜奖评比活动

伊亦社于2011年起设立了玛丽安娜奖,根据法国全国各省的市镇议会选举情况评选出尊重男女比例均等、在实现均等方面成绩突出的单位和个人,予以表彰。这个奖的主要目的是让大家更清楚妇女在政治领域参与不足的现状,希望从侧面证明男女比例均等这一原则不仅可行,而且是有益的。伊亦社同时也希望能够借此扩大相关法律的影响。这一奖项的评选,在一定程度上展现并认可了参政妇女的价值,鼓励更多妇女参与政治领域的活动。而各地的女性主义组织为促进妇女参政做了很多具体工作,这些组织也通过玛丽安娜奖获得了认可。

2011年的评比活动为期一年,法国共有16个省和32个协会组织参与其中,法国政府也予以了一定的支持。评选的方式主要通过调查问卷进行。在这一年里,各项工作事无巨细、十分繁杂,包括制定评选规则、编写组织手册、外宣沟通,等等。伊亦社各地方分会联合所有成员协会、合作组织等,有条不紊又声势浩大地在法国全国范围内开展着评选活动。为保证公平公正,活动的评选委员会由多位第三方人士组成,他们根据三种不同类型市镇(根据人口数量划分)的不同选举方式对评选进行了评估。①

在评奖后的获奖市长访谈中,伊亦社收获了较好的反馈。比如,有的女市长认为这项活动"鼓励了妇女在接下来的选举中投入更多精力,争取两性比例均等,在市政议会中营造了一种积极向上的氛围";有的男市长则表明自己"并没有为了拟定一张符合均等要求的人员名单而勉强纠结……"有的女市长则强调了妇女参政的合法性,因为"很多妇女不敢参政",然而相关法律的出台帮助她们摆脱了这份恐惧,"法律让她们可以第一次堂堂正正站出来,并且从此

---

① AUSSI E. La Marianne de la Parité 2011-2012 [EB/OL].(2012-12-30)[2018-10-27]. http://www.ellesaussi.org/images/MARIANNEAnalyseAction.pdf.

或许可以寻求其他政府职位"①。

鉴于活动的良好成效,伊亦社在总结玛丽安娜奖 2011—2012 年度评奖之时,就决定在 3 年后再次开展这一奖项的评比,并且在扩大评选范围的同时,将目光锁定在地位日益突显的市镇合作局这一层面。之所以将时间定为 2015 年,是因为法国市镇议会选举于 2014 年改选完毕,无论从人员数量还是质量上考虑,2015 年是进行各市镇议会男女比例情况调查的最好时机。这一次,市镇合作局按照人口数量 10,000 人以下、10,000—19,999 人以及 20,000 人以上分为 3 组,而 12 个首府等大型城市则另行评估。评价标准更为细化,包括市镇合作局中妇女所占人数的百分比、行政机关的妇女人数百分比等都要作为考量参数。活动的相关规则就长达 4 页纸,共 11 个条款。先由各地方自行组成的委员会进行初评,再由多方人士组成的评委会做出最终的评定。从 2015 年年底至 2016 年年初,共有数十家媒体杂志报道了这一活动,其中不乏《十字报》这样的法国主流媒体。②

伊亦社举办的两届玛丽安娜奖评选活动都获得了成功,引起了广泛的关注,在凸显政治领域中妇女贡献的同时,及时检验了政府关于两性比例均等法律政策的执行情况,在一定程度上促进了法国各选举层面中妇女参政条件的改善。

二、相合会

相合会是成立于 2003 年的一个民间协会,和其他女性主义组织略有不同,它除了在为争取男女平等而活动外,还聚焦于可持续发展、国际合作、人权

---

① AUSSI E. La Marianne de la Parité 2011-2012 [EB/OL].(2012-12-30)[2018-10-27]. http://www.ellesaussi.org/images/MARIANNEAnalyseAction.pdf.
② AUSSI E. La Marianne de la Parité 2015 dans les EPCI [EB/OL].(2016-05-21)[2018-10-27]. http://www.ellesaussi.org/index.php/nos-actions/les-actions-en-cours/la-marianne-de-la-parite-2015-dans-les-epci.

保障以及推动文化多样性等并非基于"性别研究"的众多领域。相合会的活动目标是围绕上述主题开展信息宣传、人员培养、思考讨论,进行专业鉴定辩护和群体项目合作,等等。

该协会的网站制作精良,内容非常丰富。这点与其活动目标中"为公众提供资料及不同观念交织的网络空间"以及"制定传播相关教学、方法及辅助工具"两条密切相关。浏览网站时,读者可通过相关链接,清楚地了解到有关相合会活动领域的各种基础知识、研究材料、项目计划、新闻传播、法律条文等信息。当然,除了承担资料中心的角色,该协会也组织参与相关领域的宣传、抗议及培训行动,为合作伙伴的活动提供支持。

2013年,相合会的预算已达到125,300欧元,在法国女性主义组织中可以算是较高的额度。从其公布的信息来看,协会资金来源为政府及个人基金会针对某个项目的补贴赞助(包括法国外交部、联合国、巴黎市政厅等,但不接受任何以盈利为目的的企业和组织的资助)、培训项目所收取的费用、增加就业岗位所获的政府经费补助、出售教学资料所获得的费用以及会员所缴的会员费。而其主要花销则是在人力资源和出版物制作两个方面。在人员构成上,领导团队设有主席1人、常务秘书1人、常务副秘书1人、财务总管1人以及委员会成员两人。这些人均为志愿无偿担任职务。而专职领薪人员则有3位:1人负责协调工作,包括对外联络及项目跟踪;1人专门负责性别及可持续发展主题相关项目,推动"无性别歧视教育"计划;还有1人专门负责对外宣传及网站制作维护。此外,还有1位本职为记者的人士会定期提供一些帮助。[①]

可以看出,这样的资金来源和人员结构,为相合会活动的有序举办提供了很好的支撑。

相合会的培训活动根据不同单位、组织、协会的要求进行安排,规模和方

---

① Adéquations. Conseil d'administration et équipe permanente [EB/OL]. (2018-02-10) [2018-10-27]. http://www.adequations.org/spip.php? rubrique1.

式各有不同:可以开展一场讨论会或辩论会,可以组织半日或一日的培训,也可以用两至三日的时间进行深入活动,当然也可以开展某个较为完整的行动项目。在培训中,主要是运用各种互动方式,比如角色扮演、猜谜、图片解说、电影片段分析等,同时再配以研究报告、数据、官方文本等资料,希望用实际案例和理论知识相结合的方法达到较好的培训效果,帮助受训者树立相关理念。

鉴于该组织活动领域较为广泛,本节仅关注和分析该组织在2016年组织的有关两性平等方面的培训活动——"性别2016"工作坊。

"性别2016"工作坊主要针对男女平等问题,具体分为8个主题[①]:

第一个主题涉及的是最基础也是最本质的问题:"何为性别?""何为男女平等?"这一主题针对的人群最广,所有人都可以参与,包括各种协会、地方政府、行政机关、教育界、企业等。主要目标是帮助参与者打破关于性别的原有误解,建立更为准确的概念,提供一些有助于理解性别概念的信息,比如国际或者当地的相关政策等,帮助参与培训的人士认识到最重要的几个关键点,包括法律范畴内的性别平等、就业平等、偏见的形成与瓦解等。

第二个主题为"发现成见",主要针对幼儿教育专业人士、教育部工作人员、相关业余人士、社会工作人士、图书馆工作人员等人群,呼吁其从幼儿阶段起就开展无性别歧视的教育。这项主题活动包括两个层面:一是从认知方面,帮助参与者清楚地认识到偏见及性别歧视行为会给青少年儿童带来何种负面影响,会对不平等及暴力行为的发生起到怎样的助推作用;二是从实践上,推动参与者对自身行为作出反思,帮助他们在无性别歧视方面取得具体行动上的进步。具体来说,涉及的话题包括性别身份的建立、不平等和暴力的萌芽、平等教育的基本准则、就业情况分析等。

---

① Adéquations. Formations d'Adéquations: égalité femmes-hommes, développement durable, solidarité internationale [EB/OL]. (2018-02-10) [2018-10-27]. http://www.adequations.org/spip.php? article2055.

第三个主题是推广无性别歧视的青少年文学。针对的仍是上述人群,通过文学阅读的力量来进行性别平等教育。

第四个主题是从性别角度出发,开展实施《国际儿童权利公约》。这项培训主要面对的是保护儿童权利的工作人士、幼儿教育工作人员、国家教育部人员、社会相关工作人士等。主要方式是通过对《国际儿童权利公约》中相关重点文本段落(如教育权、自由表达权、娱乐权、体面生活权等)的阅读分析,结合各人的实际经历进行讨论。另外,相合会也会安排参与培训的人士参观为6—12岁儿童准备的名为"女孩—男孩平等,有助于儿童权利。尊重亦有益!"的展览。

第五个主题是在职业建议及就业辅助行动中加入平等及性别视角。这方面的培训主要面对的人群是就业指导领域的相关工作人员、相关机构的行政人员和领导团队等。培训基于这些人士的亲身经历及在日常工作中遇到的各种问题,向他们宣传和讲授男女平等、就业平等的相关知识,帮助他们在各自组织的不同层面建立起平等模式。

第六个主题是地方政府机构与性别及男女平等。显然,这一主题针对的是地方政府官员以及民选参政代表。主要培训内容包括:性别视角及男女平等的基本介绍,即国际国内不同层面上相关问题的历史沿革、关键要素、法律框架、时事新闻等;研究平等问题的工具及实践,包括《欧洲地区生活男女平等宪章》、联合国的《21世纪议程》(男女平等部分的相关内容)和各地政府机关的实践经历回顾。根据各地情况不同,培训内容也有所变化,会体现出不同的侧重点,如"政治生活中男女比例均等""就业指导"等分别成为部分培训的主题。

最后两个主题的培训是将参与国际合作的各民间组织、协会团体、政府机构、资料中心等作为针对群体。第七个主题强调在国际合作行动中,将性别角度纳入考虑范围。鉴于性别问题已成为越来越重要的国际合作要素,这个主题的培训分为两日。第一天主要集中在介绍"性别视角"发展与国际合作的历史沿革、关键因素,性别研究方法及工具,如何将性别概念融入项目计划,教育发展以及组织运营之中。第二天则会更为具体地介绍如何将性别概念纳入某个发展计划的每一个步骤之中,包括从初步构思到最终评估的各个环节。

第八个主题强调在国际合作项目中,如何将性别和可持续发展两个视角进行交叉。

相合会所提倡的发展观有别于传统的发展概念,更多涵盖了环境、社会、经济、文化、公民参与等方面,而这些也是"性别问题"同样涉及的主题。因此,"性别"与"可持续发展"的交叉思考,可以更好地改善两个方面活动的质量和效率。相关的培训也分为两个部分。第一部分的基础培训着重介绍国家合作中的"可持续发展"与"性别问题"的地位和收获,阐述从"将妇女加入发展问题"到"性别与发展"视角的历史过程等,并分析相关项目实践案例。第二部分围绕"如何将此前所介绍的概念信息融入项目的每一个环节之中",进行深入细致的指导。

这些培训力求具体实用,根据不同组织的现有活动项目进行个性化指导,因此对于受众群体来说具有很强的现实指导意义。

三、妇女联盟

妇女联盟协会成立于1992年,创始人是伊薇特·鲁迪和弗朗索瓦丝·迪朗(Françoise Durand),前者曾在密特朗总统任期内担任妇女权利部部长,后者则曾是巴黎市议会议员。该组织历任负责人均曾担任过政府官职,因此也是女性主义组织中与官方联系最为紧密的组织之一。

妇女联盟面向全社会公开接受会员,组织结构也较为松散,主要的目标是通过女性主义和均等主义立场,长期对政治组织机构及其大政方针施加影响。该组织希望能够建立起女性主义组织和政府(包括政府内相关部委)之间的有效沟通途径。其活动的主要目的是通过加强各领域的妇女权利以及反对性别歧视的努力来保障男女平等。

与上文提到的两个女性主义组织相似，妇女联盟的领导管理层也分为办公室和管理委员会两组班子，但是人数明显更为充足。其中，办公室包括荣誉主席 1 人、主席 1 人、副主席 2 人、总秘书 1 人、财务总管 1 人、财务副总管 1 人，另有办公室成员 1 人，专门负责与其他女性主义组织的联系工作。而管理委员会则有包括荣誉主席、主席、副主席等人在内共 20 名成员。每年年初，妇女联盟都会召开年度大会，就前一年的工作向会员做工作总结报告，并汇报资金使用情况，同时公布本年度的工作计划。

妇女联盟的主要活动是开展研讨—辩论会，尤其是自 2012 年起，每年七八月份会组织夏令集训班，即围绕某一主题进行 1—2 日的圆桌讨论。讨论集中了部长、议员、学者、民间组织代表、工会代表、男女平等事业中的各类活动者，有时根据不同主题，也会邀请体育、艺术等各界人士代表参与。近年来妇女联盟夏令研讨活动的主题可以充分反映出其行动的目标。

2012 年 5 月，法国社会党候选人奥朗德战胜时任总统萨科齐成为新一届法国领导人。左派政党重新执政使得法国进入新的政治氛围，因此"妇女联盟"当年的夏季集训主题选定为"妇女之时、左派之期与改革之日"，以此讨论在左派当权的背景下，女性发展问题可能取得哪些改革成果。这一圆桌讨论主要集中于无性别歧视教育、废除卖淫等内容。

2014 年是法国市镇选举之年，因此 2013 年夏令集训班提前聚焦选举中的性别均等问题，将主题定为"目标 2014：市镇行动中的男女平等"，希望以此在法国全境宣传推动一种平等氛围，确保国家的相关政策得以落实。在这次圆桌讨论中，地区议员代表、国民议会和参议院议员代表、研究人员、各政党代表等都积极参与。讨论不仅强调了市镇层级行动中男女平等的重要性，并且就市镇计划制订、施政意图实现过程中的方式方法进行了交流。除此以外，为期两天的集训班的最后一场讨论更将目光放在了年轻人身上:"推动年轻人的平等教育:为未来而准备"使得这一年的活动意义更为深远。

妇女联盟 2014 夏令集训班的讨论主题则是针对偏见及歧视:"站起来的妇女:她们在思考、在行动、在创新,并且嘲笑成见!"各界人士均可参与。其目的就是为了从整体上评估妇女到底在哪些领域获得了何种程度的独立和平等。

经过 2015 年关于"女性权利与世俗性"主题的讨论之后,2016 年的夏令圆桌会议上,妇女联盟和相关人士探讨的是"女性身体商业化"的问题,并且将这一问题放置在法国国内和国际环境双重背景之下进行分析。在参与者看来,不断发展的科学技术和不断改变的社会形势,似乎是在为妇女解放提供帮助,然而实际上这是否令妇女陷入了新的桎梏之中,这一点值得深思。2017 年,夏季集训班的主题为"法国、欧洲和世界的极右势力及其与宗教极端主义之间的联系"。该议题的提出与 2017 年总统大选、欧洲极右势力抬头的背景密切相关。

除了夏令集训班之外,妇女联盟也时常组织或参与有关女性主义的其他研讨活动。例如,2016 年 6 月,妇女联盟主办了主题为"老女人!……又怎样?"的讨论—辩论会,联合学者、相关官员等嘉宾以及现场参与者,就妇女衰老的相关问题畅所欲言,并且就老年妇女的主要行为表现及其引起的负面影响进行了咨询和探讨。而 11 月,在"消除对妇女的暴力行为国际日"前夕,妇女联盟现任主席,同时也是男女平等高级委员会成员的热纳维耶芙·古罗(Geneviève Couraud)应邀举办讲座,探讨了社会如何看待男女平等方面的进步,以及媒体对此问题的反馈等内容。

此外,妇女联盟也组织或参与各种女性主义相关的集会、静坐等形式的活动,如:2016 年 5 月 11 日,为抗议国会议员侵犯妇女而未受法律惩罚,妇女联盟及另外数十个女性主义组织一同在国民议会所在地——波旁宫前集会示威;7月10日,联盟派出代表参加了"世界妇女无面纱日"集会等。

总体看来,妇女联盟的活动与法国政治生活的结合非常密切,能够迅速根据热点问题及其对于女性地位的影响做出反应。

第三节 促进妇女参政的女性主义组织的优势及短板

在争取妇女权利的征途上,法国女性主义组织从20世纪中期开始不断取得胜利。时至今日,虽然需要为之奋斗的目标还有许多,然而值得肯定的是,当今的法国社会,女性主义组织的活动比以往任何时候都更为活跃,她们自身的优势得到了更好的发挥,起到的作用也越来越明显。当然,我们也必须看到,法国女性主义组织受制于其局限性,在主观和客观方面都面临着一些令人担忧的问题,特别是在资金和人员这两方面。

一、优势及作用

通过分析,我们可以看出,法国女性主义组织总体上有以下几个特点:

第一,这些组织活动积极,能够进行比较广泛的动员。单就促进妇女参与政治这一方向来说,今天的法国女性主义组织着重向妇女群体普及宣传妇女权利的理念和知识,提高她们对自身权利的敏感度;同时,它们积极向政府施压,不断要求制定和实施促进男女平等的法律规定,并采取相应且有效的手段保证其落实。这些行动使得法国女性主义组织在今天依然是推动法国社会发展变革的重要力量。

随着自身活跃程度的不断增加和影响力的持续上升,这些组织的受众范围也越来越大。例如,2009年,当时成立仅一年的"女髯客"行动(La Barbe)在网络上的活动视频浏览量就达到了5万人次。如今,该行动在波尔多、图卢兹、南特、里昂、里尔等各大城市都有分会,组织的行动踪迹遍布政治、经济、文化、艺术等各领域的重要场合,广受媒体关注,其影响力更加不容忽视。而"大胆践行女性主义!"(Osez le Féminisme !)的博客——"女人的生活"(Vie de Meuf)在2011年1月的访问量就达到了80万人次。

第二,女性主义组织的社会关系网络更加丰富紧密。法国女性主义组织建立起的社会关系基础与其活跃程度以及影响力息息相关,受到帮助的妇女越来越多,发动起的志愿者和活跃分子也越来越多。因此,各女性主义组织围绕自身的斗争主题和方向,逐渐聚集起一批来自社会各阶层、拥有各种不同背景的人群,包括女性和男性。这些人群成了法国女性主义组织重要的社会基础。当这一基础足够坚固时,能够起到维护女性主义组织自身利益的作用。2009年,法国政府削减了对女性主义组织的资金支持,造成一些组织陷入经费缺乏的困境,而具有强大社会基础的女性主义组织则能够动员其社会关系网络进行抗议,一时间口诛笔伐,施加于政府的压力不容忽视。

第三,新一代女性主义者富于创新精神。大部分活跃的法国女性主义组织都成立于20世纪90年代之后,还有一些更年轻的协会,成立时间只有短短十多年。这表明女性主义思想以及对男女平等的追求在当下法国社会依然是最具有现实意义的课题之一,受到国民的高度关注。一方面,这些年轻的女性主义组织继续坚持前辈们为之努力的诉求,比如推动妇女进入政治领域、反对男性占领各领域决策性职位等;另一方面,在活动方法上,年轻一代的女性主义者充分运用新兴技术,依靠视频、多媒体、网络等媒介,创新行动方式。在这方面,不得不再一次提到"女髯客"行动。她们采取的斗争方法十分新颖:戴上假胡须,占领那些传统上总是由男性主宰的场所,以这种最直观的方式提醒人们在政治、经济、媒体等领域妇女力量的缺失。这种行动方式取得了很好的效果,受到了社会各界的普遍关注。当然,很多老牌的女性主义组织也在加快步伐,力求更好地利用新兴媒介和技术手段改进活动方式。

除了创新方式方法之外,如今法国的女性主义组织还根据当今社会新出现的性别歧视和不平等问题调整并更新了自身的诉求方向及受众群体,弥补了传统女性主义组织工作的盲点。比如,"妇女言之,妇女行之"就将关注点集中在残疾妇女的各方面权益权利上——比起普通妇女受到的不平等待遇,这些身体不便的妇女所受到的歧视以及权利的被损害程度更是长期遭到漠视。活动者们批评指出,2014 年法国国家人口研究院发表关于性别不平等情况的数据统计,长达 4 页的报告中完全没有提及残疾妇女的内容。①

第四,这些组织努力引领社会思辨,推动民众讨论。法国女性主义组织总体上坚韧有力,具有强大的专业背景,它们既能够提出有力的建议,又善于动员人民群众,因此在近五六十年以来的法国社会发展进程中都是不可或缺的主力要素。它们或组织上街游行,或发起请愿,或采取法律武器进行斗争,或通过媒体向大众宣传,或发表致部长、议员等官员政客的公开信……通过这些途径在众多女性主义组织之间,或联合政党工会等其他组织共建同盟,以增加自身的分量和扩大影响力,成为社会辩论中不可忽视的中坚力量。

第五,这些组织的专业性受到普遍认可。很多女性主义组织通过收集整理第一手资料及长期深入的调查研究,成了其活动领域的专家。如今,无论是政府听证会还是其他决策机构,都会选择在涉及相应主题时邀请对应的女性主义组织前来商谈。联合国妇女署等国际机构也选择了一些有资质的法国民间组织作为自己的咨询顾问。

二、短板及不足

旨在促进妇女参政的法国女性主义组织如果希望能够继续良好发展,就

---

① Institut national d'Etudes démographiques. Christelle Hamel, Wilfried Rault (coord.). Les inégalités de genre sous l'œil des démographes [EB/OL]. (2014-12-13) [2018-10-27]. https://www.ined.fr/fichier/s_rubrique/22775/cplesinegalitesdegenreps517.fr.pdf.

不能不重视自身的不足,虽然其中一些局限性有其历史渊源,然而如果不面对并积极解决以下这些问题,它们的前景仍然令人担忧。

首先,女性主义组织存在资金匮乏及过度依赖政府资助的问题。

根据于贝蒂娜·奥克莱尔中心 2010 年的统计来看,不同女性主义组织的预算花费大相径庭,有的组织规模庞大,2009 年预算有的高达 250 万欧元,有的则在 1.5 万欧元以下,最低的甚至只有 1,650 欧元。其中值得一提的是致力于反对男性控制权力机构的"女髯客"行动,当年该组织的预算极低,却依然享有盛名。

尽管很多民间妇女协会是全国性组织,然而大部分组织的资金来源是地方联合会,半数以上妇女协会要依靠城市或大区这一层级所提供的补贴。法国中央政府一级对民间组织的资金支持力度很小。各女性主义组织只能自行拓展资金来源的渠道。2009 年,于贝蒂娜·奥克莱尔中心 43 个成员组织中有三分之一接受了企业或基金会的捐助,四分之一通过出售产品(包括协会刊物、资料)或提供有偿服务(包括咨询、培训等)来补贴一部分活动经费。现在,在各女性主义组织的网站主页上,"捐助"窗口都十分醒目;同时,它们的活动介绍中也经常会出现售卖商品等字样。另外,还有一部分女性主义组织能够获得一些基金赞助,以帮助妇女实现经济独立或争取就业平等。

而中央政府这一级别的资金补助则分为两种类型:一种是拨给与政府有合作关系的女性主义组织,这些组织通过参与某些国家项目而获得经费支持;另外一种则是针对某个具体活动的活动经费补贴,包括研讨会、出版刊物、制作电影等。这也暗示了女性主义组织需要与政府管理人员保持长期且良好的联系,只有尽可能地展现自身活动的价值,才更有可能获得国家财政的支持。当然,政府也通过资助项目或者活动的方式表达其立场。

不过,这样的模式也造成了一些女性主义组织对政府的资金过分依赖,因为国家财政补助的数额对于它们的日常运营预算来说十分可观。这种依赖关系使得财政资金补助成为政府的一种控制手段,可以用来调整反对抗议行动的形势和规模。这一点在女性主义运动斗争态势激烈、不满情绪较为浓厚的20世纪的80年代表现得更加明显。对于负责男女平等问题的政府机构来说,资金补助也是用来团结女性主义组织的重要方式。事实上,21世纪初期,负责性别平等的政府机构在整个法国国家机构内的认可度并不高。而女性主义组织联合声援,可以帮助这些机构提出的举措意见得到采纳。

总的来说,所有以争取男女平等为诉求的女性主义组织都面临缺少资金的困境。国家普遍减少了针对这些组织的经费补贴。以关注妇女健康、争取妇女堕胎权、反对性别暴力、接纳受害妇女为诉求的组织,相对来说更容易获得来自各对应部委的资金支持;而维护男女平等、保障妇女权利,尤其是致力于推动妇女进入政治等领域的女性主义组织,尽管也承担了同样重要的社会角色,但是所能获得的官方经费和私人赞助都在日益减少。这或许也可以解释为何鲜有女性主义组织以推动妇女参政为单一目标进行活动的情况。事实上,这些女性主义组织经常受到官方机构邀请,就相关问题进行咨询商谈,它们的能力和工作成果也受到认可和好评。但是一旦涉及经费支持,政府就变得十分保守甚至颇为吝啬。关于这一点,2015年法国经济、社会、文化权利平台的总结报告犀利地指出:"关于妇女权利方面,历史证明只有社会运动组织所施加的压力及其专业性能够加快发展进程,同时,由于人为阻力过大,妇女发展有可能发生倒退。"[①]

除此以外,有些女性主义组织自身也缺乏合理的财务结构设置,例如设立备用金、流动资金等,因此导致其抗压能力较弱,一旦遭遇补贴延迟等情况,就会难以维持。

其次,女性主义组织的人员不足及专业化程度还有所欠缺。有些法国女性主义组织主要依靠志愿者的工作组织活动,维持日常运营;有的则聘请专

---

① 参见相合会官网:http://www.adequations.org/spip.php?article2233。

门人员,并支付工资。总体来说,虽然各组织情况不尽相同,但是主要依靠志愿者的协会占大多数。根据于贝蒂娜·奥克莱尔中心2010年的调查,当时43个成员组织中志愿者人数为963人,领工资的受聘人员为207人,半数以上的组织主要依靠志愿者进行活动,而聘用的员工也并非一直全天工作。受聘人员往往担任秘书,负责协助组织领导人(也是志愿者)进行活动。

进入21世纪后,法国民间组织职业化进程总体来说发展迅速,尤其是卫生、医药等领域的民间组织。由于质量管理程序变得更加复杂和新标准的实施,以及各协会组织之间为获得国家和欧洲资金支持的竞争越来越激烈,因此这些领域里很多民间组织开始完善组织规划,招聘人员的水平和能力也水涨船高。这一现象引起了不同的看法,争论主要集中在该如何协调这种职业化运营模式与人们志愿付出及热情投身的精神。

然而,在法国这股民间组织职业化运营的热潮中,绝大部分女性主义组织没有受到影响,也没有做出明显的改变。于贝蒂娜·奥克莱尔中心2010年的调查显示,无论负责人是志愿者还是受聘人员,大多数女性主义组织都没有聘请专门人员承担诸如人力资源管理、对外沟通交流、寻找资金、信息技术,以及法律支持等为组织运营起支撑辅助作用的工作。包括财务管理这样的工作,一般也是由组织负责人或出纳志愿者承担,或者外包给其他机构。只有少部分预算金额较高的女性主义组织会聘请专门的会计或财务管理人。

另外,绝大部分女性主义组织也没有聘请专门人员负责对外联络。很多组织已经认识到这一工作的专业性,尤其是在和赞助商或者大众沟通时,想要阐述清楚女性主义组织活动的价值并说服对方,需要很好的沟通能力及技巧。不过,很多组织内仍然没有设定专门负责沟通和联系赞助的职务。

由于很多女性主义组织缺乏职业管理者,团队负责人需要承担组织的日常行政或财务琐事,类似拉赞助或者起草经费花销报告的事情,占用了他们很多精力,但是聘请相关专业人士则需要较高的花费。

　　当然,现在越来越多的女性主义组织认识到应该设立专门职位,将团队内部事务工作单独分派(外联、财务会计、寻找资金赞助等)。然而,这些组织内部的问题,归根结底,依然是经费匮乏所造成的。有些组织即使聘请了专业人员,也很难有足够的经费维持稳定的工作团队,因此往往导致组织运营缺乏连贯性。

　　再次,整体策略规划不明确的问题也影响着女性主义组织的发展。打开各女性主义组织的网站,只有相和会等少数组织对自身的定位清晰明确:活动目标、针对人群、活动方式、内部章程等一应俱全。遗憾的是,很多女性主义组织难以形成如此清晰的规划。混乱不明的章程和目标不仅无法有力地指引一个团体的行动,也无法让成员和关注者更好地了解组织情况,因此会造成其行动能力低下,继而进入恶性循环。

　　最后,缺乏外联沟通手段的问题有待解决。法国女性主义组织主要依靠志愿者进行活动和日常运营。然而,无论是志愿者还是出资聘请的员工,大部分都不是外联沟通的专业人士,而且他们除了外联工作外,往往还承担了其他任务。民间组织制作需要网页设计、网站运营管理、美术设计等很多专业技术人员,如果内部没有相关人力,就只能额外付钱请人帮忙,而这对它们来说是很重的经济负担。因此,人力资源和经济条件的限制导致有些女性主义组织的外联沟通途径欠缺。比如,有些协会作为压力集团进行活动,它们本应有足够多的途径向政府施压,然而却因在新闻出版界缺乏通道,难以完成预期任务。另外,虽然如今绝大部分组织都有自己的网站,但是不少网站制作粗糙,更新缓慢,结构过于简单或者混乱,可读性差。像伊亦社、相合会这样有制作精良的网站的女性主义组织可谓是凤毛麟角。而在脸书、推特等社交平台的使用上,女性主义组织做得也不够好,如发布内容不生动、更新不及时,因而关注人数相对较少。

如果法国女性主义组织能够有效地解决以上问题,同时加强自身优势的发挥,便可以在社会上获得更响亮的回声,从而更好地影响政府决策,推动法国妇女参政情况的进一步改善。

结　语

　　法国妇女1945年获得选举权和被选举权,这只是其参政道路的起点。在受教育权和就业权逐渐得到较好保障的情况下,法国妇女在20世纪后半叶寻求充分行使被选举权以及选举结果中性别平等的途径,其历程和经验可以为其他国家提供一些参考。

　　二战时期法国妇女参政历程的过程表明,在西方民主体制中,关于性别平等法律的制定及实施,以及党派的性别平等观念及其在党内的贯彻,二者相互作用,对于提高国家管理机构中的妇女地位起到了至关重要的作用。

　　法国《男女竞选公职平等机会法》与《禁止国会议员兼任地方行政职务法》的通过为政治参与性别平等议题的推进带来了新的契机,从实际效果看,虽然其中还存在着种种问题和不足,但它们的出台在提高各层面上的政府机构和议会中的妇女比例方面发挥了相当大的推动作用。对于各政党来说,遵守相关法律意味着挑战,意味着需要在党内采取种种具体举措与之相适应。法律的实施涉及政党内部民主建设和政党参选两个层面的工作以及二者之间的互动,涉及候选人的培养和党内机制协调的工作等方面。

　　保障妇女参政权利的法律法规的制定是在社会党等党派的推动下实现

的,其对所有政党产生约束力,但同时来自政党内部的意愿又制约着法律实施的效率。法国社会党以及绿党等党派的积极态度无疑对平等参政的推进起到了正面作用。在法国的多党制度下,右派为了争取选民和政治正确,会表现出对性别平等的支持并采取一些措施,但是传统的惯性力量仍然强大。右派大党共和党的明显落后一方面延缓了其女党员在从政道路上的发展速度,另一方面也妨碍了法国性别平等发展水平的提高。国民阵线性别话语影响着选民尤其是女性选民的性别观,其性别立场不仅会影响法国妇女的生活方式和自我价值认定,可能也对整个法国社会的性别平等观有所影响。这意味着,法国社会未来要面临极右思想在性别平等领域进一步抬头的挑战。

整体看,如果各党派进一步完善党内关于性别平等的奖惩激励机制和内部培训机制,使性别平等原则深入人心,向女党员提供更多机遇,使之具有更强的领导力,将会直接影响妇女参政的效果。此外,虽然各政党在性别平等原则上达成了共识,但是它们要在议会立法中继续推进相关法律的完善,在现实操作中推进其实施,还需要跨越分歧,形成合力。在法国的政治生活中,政治参与性别平等问题也是各政党之间用于相互攻击的话题,常令公众质疑政党正面表态的诚意度。大党之间关于性别平等原则的立场分歧表现为议会内部的激烈争论,影响着法律的制定与实施过程。比如在《禁止国会议员兼任地方行政职务法案》通过的过程中,两大党在议会的角力就十分突出。减少无益的互相攻击,在参政性别平等问题上进一步寻找共识,推动各政党内、议会内、政府机构内一些共性措施的采纳与普及应是各党派的共同责任。

在二战后法国妇女的参政历程中也可以看到个体和女性主义组织发挥的作用。一方面,法国党派领导人的性别观往往体现着党派的性别观,能够带动党派性别平等意识的提升,如果相反,则会形成一定的阻力。另一方面,女党员们在性别平等方面做出的努力可圈可点。她们的努力并不局限于为自己争取候选人资格,而是广泛地涉及政界妇女地位、妇女在社会中的发展,以及机构的建立和措施的采取。她们的诉求往往比较具体,具有可操作性。女性主义组织的活动对于提高法国妇女参政水平的作用也不可低估。妇女政治人物和女性主义组织的联合为参政性别平等诉求提供了很大合力,对于社会氛围的营造和法国社会整体的性别认知产生了深远影响。

毫无疑问,法国妇女参政的努力还没有抵达终点。这不仅仅是因为各级议会、政府领导机构中男女比例尚未实现均等,更因为在就业、家庭分工、社会保障、社会观念、妇女自身能动性等方面,妇女参政仍然需要面对很多束缚和不平等现象,也因为妇女参政的效果既需要"量"的体现,也需要"质"的反映。如何评估妇女影响政治决策的效果,是一个需要长期研究的课题,其各方面指标还不完善。首先要提出的是妇女参政能力提升的问题。参政能力在关于配额制的争论中是一个核心议题。对妇女在议会中的最低比例进行规定通常被视为一个积极有效的措施,但是法国在部分选举中对于候选人数量1∶1的规定,使得反对者的质疑集中在了能力与比例哪个更重要的问题上,从而引发了对50%的配额在当前历史阶段的适用性和公正性的追问。

除了关于配额制的争论,关于"玻璃天花板"的讨论也从未平歇。纵使促进性别平等的各项立法让大量女性能够进入政治领域,然而在这个传统的男性领域,对于女性的歧视依然存在,法国还远谈不上达到"平等"。2015年,一部法国纪录片《政治中的性别歧视:一种主导的缺陷》(*Le sexisme en politique : un mal dominant*)揭示了女性在政治领域遭受的歧视和她们为自己争取权利和地位做出的努力。女性在政治领域常常遭受公开歧视,甚至会因为外表受到攻击,既不能长得太漂亮,也不能太平庸,她们要付出双倍的努力才能获得信誉与信任。2012年6月,时任法国住房和领土平等部部长的塞西尔·杜弗洛在国民议会发言时,竟有不少男议员对她吹起了口哨,尽管她试图平息这有些骚乱的局面,但男人们的注意力都在她美丽的花裙子上,而不在她的讲话和议题上。有男性表示:"她的讲话一点都不有趣,但至少她长得赏心悦目。"前法国卫生部部长罗斯林·巴什洛也在纪录片中表示,一旦女性在政治领域中取得一些成绩,就总有人质疑她是不是出卖身体换来的这些,甚至制造一些性丑闻来抹黑女性的政治形象。此外,男性政治家可以专注于事业,但女政治家还要兼顾家庭,有时甚至连家庭生活和个人情感也会成为政敌攻击的对象。纪录片还简单回顾了法国女性参政的历史,从西蒙娜·韦伊到埃迪特·克勒松,再到纳贾特·瓦洛-贝卡森(Najat Vallaud-Belkacem),无一不受到性别歧视的攻击,她们的部分男性同僚因为害怕会被她们夺取位置,便用性别作为武器,想要守住政治这块他们的"专有领地"。①

近年,许多年轻有为的法国女政治人物,如国民议会议员娜塔莉·科修斯柯-莫里塞(Nathalie Kosciusko-Morizet,1973—)、纳贾特·瓦洛-贝卡森、塞西尔·杜弗洛等都因为种种压力选择离开政界。很多跟她们一样的法国女性,都深深体会到要成功总会遭遇很多的困难,因此需要付出更多的努力,拥有更坚韧的毅力,去克服政治生活中性别歧视导致的困难。在"不屈法国"党员克莱芒蒂娜·奥坦(Clémentine Autain,1973—)和法国共产党党员埃马努埃莱·贝克尔(Emmanuelle Becker,1973—)等女性政治人物联合撰写的文章《政治:女性的身影在哪里?》中,总结了女性在政治领域的困难和歧视:一是时间问题。从政是一项耗时耗力的职业,在工作时间以外还会占用许多的私人时间,而女性常常被家庭责任所羁绊,也因为既定的"家庭女性形象"而受到是否有精力和敬业的质疑。这种情况需要减少工作时间和合理分配家庭任务来帮助和支持女性的政治工作,但遗憾的是,法国政党、政府机构在这方面的努力还不够。二是形象和身份问题。历史上政治就是男性领域,由男性形象所代表,女性进入政治领域后,总会因为身份、外表、仪态,甚至和男性政治

---

① ALI N.Le sexisme en politique: un mal dominant, un docu sur le machisme dans les coulisses du pouvoir en France [EB/OL]. (2015-04-27) [2018-10-30]. http://www.madmoizelle.com/sexisme-en-politique-350681.

家的互动等在各方面遭受非议,必须消除这种根深蒂固的"政治是男人的战场"的思想。三是地位问题。女性排除万难进入政治领域后,身份却始终低男性一等,她们发言机会少、人数少、意见得不到关注、发声得不到重视,也难以担任要职。①

2015年国际妇女节之际,在《人道报》的委托下,法国著名调查咨询机构CSA Research对民众在过去10年对性别平等改善情况的看法进行了社会调查。大部分人都认为法国社会中性别平等的情况有所改善,尤其是得益于《男女竞选公职平等机会法》,63%的受访者认为在公职竞选中性别平等大有进步。但职业领域和工资水平的平等进展难以得到认可,尤其是男女在同等工作岗位的薪水差异仍然存在。此外,尽管平等进程有显著成效,但大部分民众,尤其是女性群体对性别平等现状仍不满意,其中对担任责任人职位平等状况不满意的比例达到69%,与2012年相比增长了4个百分点;对获得政治职位的平等状况不满意的比例达到55%,与2012年相比下降了4个百分点。在2005年至2015年这10年间,对担任责任人职位平等状况改善认同的人数比例下降了13个百分点,但得益于各项性别平等立法的颁布,对获得政治职位的平等状况满意度上升了6个百分点。②

通过近十几年的民调结果来看,法国民意一直支持女性参政,并肯定了有关性别平等的立法所取得的成效,但对法国政治领域的性别平等现状仍不满意,女性仍遭受各种歧视和不平等对待。但无论如何,法国政府和政治人物都越来越关注性别平等问题,与之相关的提案越来越多,立法也越来越完善,法国在性别平等道路上正不断取得进步。

---

① Libération. Politique: où sont les femmes? [EB/OL]. (2018-04-10) [2018-10-30]. http://www.liberation.fr/debats/2018/04/10/politique-ou-sont-les-femmes_1642431.
② CSA Research. Les Français et l'égalité hommes-femmes [EB/OL]. (2015-03-09) [2018-10-30]. https://www.csa.eu/media/1131/opi20150309-csa-pour-lhumanite-les-francais-et-legalite-hommes-femmes.pdf.

最后需要说明的一点是,本书的梳理和分析对于法国妇女在各级议会和政府中参与的作用力的研究仅局限在参政人数比例的提升和关于性别平等问题的话语权方面,并未拓展至法国女性政治家在国家治理中的贡献。法国《男女竞选公职平等机会法》实施近 20 年,妇女领导力问题应成为下一个阶段法国妇女参政讨论中的重要内容。

附录
法国部分女性政治人物小传

1. 米歇尔·阿利奥-玛丽(Michèle Alliot-Marie,1946—   ),保卫共和联盟杰出妇女政治人物,1986—1988年担任教育国务秘书,1993—1995年担任青年和体育部部长,1999年当选保卫共和联盟主席。2002—2007年,她被任命为国防部部长,成为法国国防部第一位女部长,同时也是联合国常任理事国中第一位国防部女部长。2007年,米歇尔·阿利奥-玛丽曾有意参选总统,成立了名为"橡树"(Le Chêne)的政治运动,但她最终选择支持萨科齐参选。2007—2009年担任内政和海外领土部部长,负责法国的情报体系改革。2009年,担任司法部部长。2010年被任命为外交和欧盟事务部部长,成为法国第一位女性外交部长。米歇尔·阿利奥-玛丽对于妇女参政的问题极其鲜明,她反对《男女竞选公职平等机会法》,不赞成配额制,但是她也认为议会和政府应该代表全社会利益,因此成员必须包括男性和女性。

2. 纳塔莉·阿尔托(Nathalie Arthaud,1970—   ),法国极左翼政治人物,经济与管理学教师。2008—2014年担任市镇议员,负责青年事务;2008年起担任极左政党"工人斗争"(Lutte Ouvrière)的发言人,2012年和2017年两度作为工人斗争的候选人参与法国总统竞选,分别在第一轮投票中获得0.56%和0.54%的票数。

3.马尔蒂娜·奥布里(Martine Aubry,1950—),法国社会党党员,1991—1993年任劳动、就业和职业培训部部长;1997—2000年担任就业、团结部部长。在第二次担任就业部部长时,成功推动了法国每周35小时工作制以及全民医保的顺利实施。2008—2012年,出任社会党历史上第一位女性第一书记。2011年,奥布里参加了社会党内部的总统候选人初选,但在第二轮中败给弗朗索瓦·奥朗德。2012年奥朗德委任奥布里为法国外交部长中国事务特别代表。

4.科莱特·奥德里(Colette Audry,1906—1990),剧作家、小说家、电影编剧、女权运动者,1962年获得法国美第奇文学奖(le Prix Médicis)。奥德里呼吁在文化和政治领域维护女性权利,她推动了在统一社会党内成立女性问题研究国家委员会,支持计划生育,推动避孕问题政治化。20世纪60年代参与创立妇女民主运动组织,并签署《343宣言》。

5.罗斯林·巴什洛(Roselyne Bachelot,1946—),曾在保卫共和联盟内担任多项职位,女权运动者,支持女性拥有堕胎和避孕的权利,支持同性恋婚姻以及同性恋婚姻者收养儿童,曾任国民议会议员。2002—2004年出任法国环境部部长;2004—2007任欧盟议员;2007—2010年间任卫生与体育部部长;2010—2012年任团结部部长。

6.米歇尔·巴尔扎凯(Michèle Barzach,1943—),出生于摩洛哥,曾是妇科医生,精神分析学家。1986—1988年出任卫生部部长,任职期间重视艾滋病预防工作,并且推广避孕套的使用,当时避孕套作为一种避孕工具并不普及。2012—2015年担任联合国儿童基金会法国办事处负责人。

7.于盖特·布沙尔多(Huguette Bouchardeau,1935—),统一社会党的

创始人之一,1979年出任统一社会党第一书记,成为法国历史上第一位女性党魁。1981年参加总统竞选,第一轮竞选中仅获得1.1%的选票数,后支持密特朗。曾在密特朗执政期间先后出任过负责环境与国民生活质量的国务秘书(1983—1984)以及环境部部长(1984—1986)。2014年荣获法国荣誉军团勋章。此外,她还是里昂第二大学女性主义研究中心(Centre Lyonnais d'Études Féministes)的创始人之一。

8.克里斯蒂娜·布坦(Christine Boutin,1944—),法律专业出身,以其坚持天主教价值观和1998年反对法国民事互助契约(PACS)的立场为公众所知。除此之外,她还反对女性堕胎、同性恋婚姻、安乐死。她创立了自己的党派——社会共和党人论坛,并于2002年参加总统竞选,第一轮竞选中仅获得1.19%的支持率。她在2007年的总统竞选中支持尼古拉·萨科齐,2007—2009出任住房部部长。

9.玛德莱娜·布朗(Madeleine Braun,1907—1980),法国共产党党员,曾在巴黎就读法律专业,在抵抗运动中负责进步刊物的发行。1946年成为法国历史上第一位女性国民议会副主席。任职期间,她捍卫女性权利,推动关于性别平等以及女性追求自由职业等方面的法律。同时,她还支持在法国避难的西班牙共和主义者。

10.弗雷德里克·布勒丹(Frédérique Bredin,1956—),法国社会党派人士,毕业于法国国家行政学院,1988—2000年任国民议会议员,1991—1993年出任青年和体育部部长,2013年出任法国国家影视动画中心主席。

11.吉尔贝特-皮埃尔·布罗梭莱特(Gilberte-Pierre Brossolette,1905—2004)是第一位成为参议院副议长的妇女。和马德莱娜·布朗(Madeleine Braun)一样,吉尔贝特-皮埃尔·布罗梭莱特在二战期间积极参加抵抗运动,为保障抵抗组织与位于伦敦的自由法国之间的联系做出了杰出贡献,并因此获得抵抗运动勋章,在政界享有比较高的威望。

12.玛丽-乔治·比费(Marie-George Buffet,1949—),法国共产党党员,女权运动者,1987年成为法国共产党全国委员会成员,1994年进入法国共产党中央局,负责女性权益事务,1997年成为总书记处成员。1997—2002年出任青年和体育部部长,反对使用兴奋剂;2001年开始担任法国共产党第一书记。2007年参加法国总统选举,在第一轮竞选中获得了1.93%的选票。

13.埃迪特·克勒松(Edith Cresson,1934—),法国历史上第一位,也是迄今为止唯一一位女总理。克勒松出生于一个公务员家庭,早年曾获得人口学博士学位。于1965年加入社会党,之后在党内一直辅佐密特朗。20世纪70年代,先后担任过市长以及欧洲议会议员。密特朗当选后她一直受到重用。尽管克勒松在任只有一年的时间,但其任职具有重大意义。她的任命使人们意识到妇女可以成为政府首脑,同时也树立了社会党推动性别平等的领头人形象。

14.莫尼克·当泰尔(Monique Dental),彩虹组织的积极分子,女性主义者。

15.玛丽-玛德莱娜·迪内斯克(Marie-Madeleine Dienesch,1914—1998),出生于埃及开罗,二战期间参加过抵抗运动,在戴高乐、蓬皮杜、德斯坦时期均进入了内阁,先后担任负责教育、社会事务的国务秘书。在其从政生涯中,玛丽-玛德莱娜·迪内斯克是为数不多的在第四和第五共和国均担任过职务的女政治家。

16.塞西尔·杜弗洛(Cécile Duflot,1975—),2006—2012先后担任绿党和欧洲生态绿党的总书记,在奥朗德时期任住房和领土平等部部长。在其从政生涯中,致力于推动性别平等,支持女性就业、薪酬平等、反暴力等诉求。2017年,塞西尔·杜弗洛发起了一次名为"裙子行动"的反性别歧视活动,呼吁社会各界从儿童时期就在教育活动中重视性别平等,呼吁反对针对妇女的暴力行为。

17. 安托瓦妮特·富克(Antoinette Fouque,1936—2014),精神分析学家,妇女民主运动组织创始人之一,曾担任性别平等观察所成员,签署过《343 宣言》,支持女性拥有堕胎权。20 世纪 80 年代,支持密特朗,并于 1989 年发起妇女民主联盟组织,目的是推动妇女参政,同时促进法国社会与政治的民主化。1994—1999 年,作为法国左翼激进党的代表出任欧洲议会议员。在 2007 年总统选举中曾支持塞戈莱纳·罗亚尔。

18. 玛丽-弗朗斯·加罗(Marie-France Garaud,1934—),出生于普瓦提埃(Poitiers),曾任乔治·蓬皮杜的政治顾问,后支持希拉克,是后者 1976 年创办的保卫共和联盟(Rassemblement pour la République)中的重要人物。1978 年草拟《科尚申诉》(*Appel de Cochin*)反对法国民主联盟所倾向的欧洲联邦。1981 年参加总统竞选,在首轮竞选中获得 1.33% 的支持率,1982 年创办国际地缘政治研究所,1999—2004 担任欧洲议会议员。

19. 弗朗索瓦丝·加斯帕尔(Françoise Gaspard,1945—),毕业于巴黎政治学院,在法国国家科学研究中心以及法国社会科学高等学院任职,并于 1973 年加入社会党。她早年从事过外来移民以及城市社会学的研究,是法国维护同性恋权利的先驱。步入政坛后,她出任过德勒市市长,作为瓦洛-卢瓦尔省代表当选过国民议会议员,担任过联合国妇女地位委员会的法国代表。

20. 弗朗索瓦丝·吉鲁(Françoise Giroud,1916—2003),出生于瑞士,记者出身,早年曾参加过法国抵抗运动,并且被德国纳粹政府的秘密国家警察逮捕过。吉鲁以其先锋性的女权主义思想活跃于法国新闻界,曾任法国著名妇女杂志《她》周刊总编,1953 年她与同僚一起创立了《快报》。1976 年提出了著名的《有利于妇女的 101 条措施》。尽管她在总统竞选中支持密特朗,但却因其女性主义者身份被德斯坦任命为妇女地位国务秘书。1976 年,吉鲁又被任命为文化事务国务秘书。此后吉鲁退出政界,继续她的新闻职业生涯。在去世前仍为法国《新观察家》周刊撰写专栏。

21. 埃莱娜·吉瑟罗（Hélène Gisserot，1936— ），1985年其担任法国审计院总检察官，成为该职位上的第一位女性总检察官。在弗朗索瓦丝·吉鲁的支持下，1974—1978年担任妇女地位国务秘书。1986年，被任命为女性地位代表团领导。1996年，与其他女权主义者共同签署平等声明，要求在议会与政府中实行男女平等。

22. 伊丽莎白·吉古（Elisabeth Guigou，1946— ），出生于摩洛哥，毕业于国家行政学院，社会党党员，曾先后担任过欧盟事务副部长、欧盟议会议员、司法部部长、就业和团结部部长以及国民议会外交事务委员会主席。

23. 吉塞勒·阿利米（Gisèle Halimi，1927— ），突尼斯裔法国人，律师，曾经积极支持突尼斯和阿尔及利亚的独立。1971年与波伏娃共同成立"选择女性事业"组织。该组织起初致力于推动堕胎合法化，后支持政治参与性别平等的推进。20世纪60年代，参加妇女民主运动，致力于社会主义与女性主义的结合，并在选举中支持密特朗。曾是性别平等观察所的成员，积极推动了《男女竞选公职平等机会法》等法案的通过与实施，也积极推动了欧盟性别平等原则在法国的落实。

24. 安娜·伊达尔戈（Anne Hidalgo，1959— ），出生于西班牙，社会党党员，曾任法国文化事务国务秘书，2001—2014年任巴黎副市长，主管"男女平等事务及城市与巴黎人职业及家庭生活节奏调适"工作。自2014年起任巴黎市长，是巴黎第一位女市长。

25. 埃娃·若利（Eva Joly，1943— ），出生于挪威，欧洲生态—绿党派人士，欧州议会议员，2012年参加总统选举，第一轮竞选中获得2.31%的选票，随后支持奥朗德。

26. 阿莱特·拉吉耶（Arlette Laguiller，1940— ），极左派妇女政治人物，1973—2008年担任工人斗争党发言人。1974年作为法国第一位女性候选人参加总统竞选，在第一轮竞选中获得2.3%的选票，得票排名第五。值得一提的是阿莱特·拉吉耶连续6届参加法国总统竞选,在历届总统竞选中,她总是提出"捍卫工人权利,反对资本主义和剥削员工的雇主"的理念。1999—2004年曾任欧洲议会议员。

27.卡特琳·拉吕米埃(Catherine Lalumière,1935—),左派激进党派人士,1981年在皮埃尔·莫鲁瓦(Pierre Mauroy)组阁时任负责公共职能与行政改革事务国务秘书,1984—1986年任负责欧洲事务的国务秘书,1985年,代表法国签署申根协议。1989—1994年出任欧洲委员会秘书长。1994—2004年连续两届担任欧洲议会议员,并分别在2001年和2004年被任命为欧洲议会副主席。

28.科琳娜·勒帕热(Corinne Lepage,1951—),环保方面的律师,政治家,1995—1997年担任环境部部长。2000年创办"21世纪公民、行动、参与党"(CAP21)并于2002年参加总统竞选,第一轮竞选获得1.88%的选票。2007年开始支持中间派民主运动的弗朗索瓦·贝鲁,并在2007—2010年间担任该党副主席。2009—2014年担任欧洲议会议员。

29.玛丽娜·勒庞(Marine Le Pen,1968—),国民阵线创建者让-玛丽·勒庞(Jean-Marie Le Pen)的女儿,曾在巴黎、加莱等地担任大区议会议员,2004年当选欧盟议会议员。2011年接任国民阵线党主席一职。2012年参加总统选举,第一轮竞选中获得17.9%的选票,这是国民阵线领导人历次参加总统选举中得票最高的一次。2017年第二次参加法国总统竞选,和马克龙一起进入总统选举第二轮。

30.韦罗尼克·奈尔茨(Véronique Neiertz,1942—),社会党党员,曾是密特朗的图书管理员,曾任国民议会议员。推动了关于超负债方面的立法,相关法律因而被称为《奈尔茨法》。在历届政府中多次担任国务秘书,曾负责过消费和女性权益等方面的事务。

31.莫妮克·佩尔蒂埃(Monique Pelletier,1926—),1974年起担任独

立共和党派负责家庭与妇女事务的书记,支持德斯坦参加总统选举。作为女性主义者,她支持女性获得堕胎权以及堕胎费用报销,支持强奸罪的设定。1978 年担任司法部国务秘书,1978—1981 年担任妇女地位部副部长,2000—2004 年为法国宪法委员会成员。

32.日耳曼娜·波安索-夏普耶(Germaine Poinso-Chapuis,1901—1981),罗马法博士学位,马赛市第一位女律师。20 世纪 40 年代加入人民共和党,并且作为该党议员于 1945 年进入议会。出任议员期间,她继续为争取妇女权益进行了不懈努力。1947 年,被任命为卫生部部长。日耳曼娜·波安索-夏普耶是第一位拥有部长头衔的法国女性。

33.伊薇特·鲁迪(Yvette Roudy,1929—   ),最著名的社会党女性主义者之一。1962 年加入妇女民主运动组织。密特朗执政期间,被任命为妇女权利部部长(1981—1986)。她积极支持妇女享有堕胎权,并主张社会保障将堕胎费用纳入医保报销范围。因此,1982 年关于该项内容的立法被称为《鲁迪法》。1983 年,推动出台了《企业男女平等就业法》。在妇女参政问题上,鲁迪也是其时代最为积极的均等原则和限制兼任的倡导者之一。1992 年,她发起"妇女集会"运动,推动修宪。同年,参加《577 人宣言》的签字。1996 年积极推动《十人宣言》问世。2013 年,鲁迪获得了法国政府颁授的最高荣誉骑士团勋章——法国荣誉军团勋章。

34.塞戈莱娜·罗亚尔(Ségolène Royal,1953—   ),1978 年毕业于巴黎政治学院并成为法国社会党党员;1980 年毕业于国家行政学院,在巴黎行政法庭担任法官,后成为律师。1982—1988 年间进入密特朗总统府的工作团队,先后负责法国青年、体育、社会和环境方面的事务。1988 年当选国民议会议员。在密特朗的第二个任期中被任命为环境部部长。希拉克与若斯潘左右共治时期,罗亚尔先后担任过环境部和家庭事务部的副部长。2007 年,成为社会党的总统选举候选人,并进入选举第二轮,这是第五共和国历史上第一次有女性候选人进入总统选举的第二轮。2012 年,奥朗德担任总统后,她被任命为生态、可持续发展和能源部部长。

35. 雷吉娜·圣克里克(Régine Saint-Criq,1938—),曾是活跃在社会党内的一位女政治家,出于对 1992 年妇女在党内低当选率的不满,她退出社会党,1992 年 3 月创立"男女均等"组织,这是法国历史上第一个完全以推动性别配额制度为宗旨的女性主义组织,该组织不隶属于任何党派的女性主义组织,其宗旨是敦促各个政党推出更多的女候选人参加议会选举,并且向公众宣传妇女参政的重要性。

36. 娜菲沙·西德·卡拉(Nafissa Sid Cara,1910—2002),出生于阿尔及利亚,法国第一位进入内阁的穆斯林妇女,长期致力于穆斯林妇女的解放,主张伊斯兰教与共和价值观的相容。戴高乐时期曾担任负责阿尔及利亚社会问题和穆斯林权利问题的国务秘书。

37. 卡特琳娜·塔斯卡(Catherine Tasca,1941—),社会党党员,1991—1992 年担任负责法语国家事务的国务秘书,1997—2000 年担任伊夫林省(Yvelines)第 11 选区国民议会议员,2000—2002 年担任法国文化与交流部部长。

38. 克里斯蒂亚娜·多比拉 (Christiane Taubira,1952—),出生于圭亚那,曾任欧洲议会议员,国民议会议员,左派激进党副主席。2002 年参加总统选举,第一轮竞选中获得 2.32% 的选票数。2012—2016 年担任法国司法部部长,任职期间推动了同性恋婚姻合法化。

39. 雅克琳娜·托梅-帕特诺特尔(Jacqueline Thomé-Patenôtre,1906—1995),抵抗运动成员,20 世纪 20 年代曾经反对妇女使用避孕措施,认为生育是妇女不可推卸的责任。在第四共和国时期当选为参议院议员。1947 年,她当选为朗布耶市(Rambouillet)市长,并连续 6 次当选,任职至 1983 年。1957 年,她出任莫里斯·布尔热-莫努里政府的住房事务副国务秘书一职。

参考文献

外文文献

1.ACHIN C,LEVEQUE S. Femmes en politique[M].Paris：La Découverte,2006.

2.ALDUY C. Nouveau discours, nouveaux succès[J].Pouvoirs, 2016(2).

3.BERENI L, REVILLLARD A. Des quotas à la parité："féminisme d'État" et représentation politique（1974-2007）[J].Genèse, n°67, février 2007.

4.BERENI L. La bataille de la parité[M]. Paris：Economica, 2015.

5. D'ESTAING. Valéry Giscard. Démocratie française [M]. Paris：Fayard, 1976.

6.DAUPHIN S. Les associations de femmes et les politiques d'égalité en France：des liens ambigus avec les institutions[J]. Pyramides en ligne, 2002(6).

7.DUCHEN C.Women's rights and women's lives in France 1944-1968 [M]. London：Routledge, 1994.

8.DUPOIRIER É. L'électorat présidentiel de Ségolène Royal. Premiers élémentsd'analyse[J]. Revue française de science politique, 2007(3).

9.GASPARD F. Servan-Schreiber,Claude[M]//LE GALL A. Au pouvoir citoyennes! Liberté, Égalité, Parité. Paris: Seuil, 1992.

10.GASPARD F. La partié, pourquoi pas? [J].Pouvoir, 1997, (82).

11. HELFT-MALZ V, LEVY P H. Les femmes et la vie politique française[M]. Paris: Puf, 2000.

12.ICARD P. Les femmes dans le droit de l'Union européenne[M]. Bruxelles: Emile Bruylant, 2015.

13.JENSON J. Le féminisme en France depuis mai 68[J]//Vingtième Siècle, revue d'histoire, 1989(10-12).

14.KENAP A. The uncertain foundation: France at the liberation 1944-1947[M]. New York: Palgrave Macmillan, 2007.

15.MARIAN M. De la résurrection de Mitterrand au désir d'avenir de Ségolène Royal[J]. Esprit, 2006(2).

16.MAYER N. The closing of the radical right gender gap in France? [J]. French politics, 2015(13).

17.MITTERRAND F. Discours du 3 mars 1982[EB/OL].(2015-03-07) [2018-09-03].http://discours.vie-publique.fr/notices/827002200.html.

18.PERRINEAU P. Montée en puissance et recompositions de l'électorat frontiste[J]. Pouvoirs, 2016(2).

19. RIOT-SARCEY M. Histoire du féminisme [M]. Paris: La découverte, 2002.

20.ROCARD M. "J'ai pris cette décision seul", entretien avec Rocard[J]. Parité-Infos, 1993(4).

21.SCOTT J W. Parité! L'universel et la différence des sexes[M]. Paris：Bibliothèque Albin Michel Idées, 2005.

22.SINEAU M. Des femmes en politique[M]. Paris：Economica, 1988.

23.SINEAU M. La force du nombre femmes et démocratie présidentielle[M]. Paris：L'édition de l'Aube, 2010.

24.SINEAU M. Profession femme politique[M]. Paris：Presses de Sciences Po, 2001.

25.ZIMMERMANN M J. Marie-Jo Zimmermann：un engagement dans l'espacede la cause des femmes[J]. Histoire@Politique, 2012(2).

中文文献

1.拉内尔.政治学与女性主义[M].郭夏娟,译.北京：东方出版社,1999.

2.丁娟,石鑫.妇女参政配额制的提出与发展状况研究[J].山东女子学院学报,2015(6).

3.李济时.民意表达机制与法国选举制度的变革[J].当代世界社会主义问题,2012(2).

4.李英桃.社会性别视角下的国际政治[M].上海：上海人民出版社,2003.

5.李姿姿.法国政党公共资助制度及其对政党行为的影响[J].当代世界,2014(9).

6.莫罗阿.人生五大问题[M].傅雷,译.北京：生活·读书·新知三联书店,1986.

7.凯勒曼,罗德.女性领导力:现实与挑战[M].张素玲,等译.上海：东方出版中心,2012.

8.曲宏歌.政治机构选举中的性别配额制及其有效性分析[J].科学社会主义,2012(6).

9.张莉.右翼民粹主义、选举政治与法国国民阵线[J].国际政治研究,

2007(2).

10.张迎红.试析欧洲国家提高妇女参政的"最低比例制"[J].欧洲研究,2004(3).

11.张永英.国内外有关妇女参政比例的规定及争论研究[J].妇女研究论丛,20015(S1).

机构网站

1.各国议会联盟:http://www.ipu.org

2.法国国民议会:www.assemblee-nationale.fr

3.法国参议院官网:http://www.senat.fr/

4.法国高级委男女平等高级委员会:ww.haut-conseil-egalite.gouv.fr

5.法国地方议会政府官网:www.collectivites-locales.gouv.fr

6.法国法律与行政信息局官网:www.vie-publique.fr

7.法国共和党官网:www.republicains.fr

8.法国社会党官网:www.parti-socialiste.fr

9.法国共和前进党官网:https://en-marche.fr/

10.法国欧洲生态-绿党官网:https://eelv.fr/

11.法国共产党官网:www.pcf.fr/

12.费加罗报:www.lefigaro.fr

13.解放报:www.liberation.fr

14.Franceinter 电台:https://www.franceinter.fr

15.快报:www.lexpress.fr

16.相合会官网:www.adequations.org

17.伊亦社官网:www.ellesaussi.org

18.妇女联盟官网:https://assembleedesfemmes.com/

19.于贝蒂娜·奥克莱尔中心官网:http://asso-idf.hubertine.fr

机构报告

1. Union interparlementaire[R]. Les femmes au parlement en,2015.

2. Rapport de Mme Michèle André [R]. Sénatrice, Présidente de la délégation aux droits des femmes et à l'égalité des chances entre les hommes et les femmes, surles actes du colloque sur les mariages forcés et les crimes dits d'honneur, avril,2010.

3. Rapport d'information fait au nom de délégation aux droits des femmes et à l'égalité des chances entre les hommes et les femmes sur la proposition de loi (n° 2422) de m[R]. Bruno Le Roux et plusieurs de ses collègues visant à renforcer l'exigence de parité des candidatures aux élections législatives par MMe Pascale Crozon.

4. Rapport d'information fait au nom de la délégation aux droits des femmes et àl'égalité des chances entre les hommes et les femmes sur la représentation équilibrée des femmes et des hommes dans les conseils d'administration des entreprises [R]. Par Mme Joëlle Garriaud-Maylamle, 2010.

5. Rapport de la plateforme française pour les DESC[R]. Extrait concernant la situation des femmes, http://www.adequations.org/spip.php?article2233,2015.

6. Rapport d'évaluation de la loi du 6 juin 2000 tendant à favoriser l'égal accès des femmes et des hommes aux mandats électoraux et fonctions électives en,2005.

7. Rapport d'information sur le projet de loi tendant à promouvoir l'égal accès des femmes et des hommes aux mandats électoraux et fonctions électives et sur les propositions de loi correspondantes de Mme Catherine TROENDLE, fait au nom de la délégation aux droits des femmesn° 95 (2006-2007) - 29 novembre,2006.

后 记

2004年，笔者曾经受邀参加在巴黎索邦大学举行的"妇女与20世纪国际关系"国际研讨会，由此对法国女性发展问题产生兴趣，并因为各种机缘得以参加了数个与性别研究相关的课题。在研究过程中，虽深感女性发展的道路仍是任重道远，也欣喜于看到女性智慧为社会做出的贡献及其能力的不断提升，看到其贡献得到社会的更多认可与尊重。

对于关注妇女发展、妇女参政问题的研究者和学者来说，这本书提供的只是一个西方个案。不同的历史文化背景下，女性在参与政治生活、参与国家和地方各层面决策的进程中所经历的艰辛都是类似的。研究个案，是对他国女性道路的观察和解读。阅读和分析他者的经验，是在一种共情的心态下去寻找可借鉴的经验，寻求突破自我的更多路径。

《二战后法国妇女参政问题研究》一书是集体合作的成果，作者们都是法语专业出身，对于法国社会和法国文化有实际的了解，对女性发展问题都有共同的关注。几位年轻研究者的积极参与、编辑老师的仔细审阅，才使得本书能够顺利成稿。在此对他们表示深深感谢。

现将本书分工情况介绍如下：

前言、结论:李洪峰

第一章:桂天晗、李洪峰

第二章:丁佳澉、李洪峰

第三章:李洪峰

第四章:侯镌琳、李洪峰

全书由李洪峰统稿。

作者水平有限,文中有疏漏和不妥之处,愿得到专家和读者的指正。

作　者

2018 年 11 月

图书在版编目(CIP)数据

二战后法国妇女参政问题研究/李洪峰等著. --北京：中国传媒大学出版社，2020.9
ISBN 978-7-5657-2771-9

Ⅰ.①二… Ⅱ.①李… Ⅲ.①妇女－参政议政－研究－法国 Ⅳ.①D445.656

中国版本图书馆 CIP 数据核字(2020)第 168762 号

二战后法国妇女参政问题研究
ERZHAN HOU FAGUO FUNÜ CANZHENG WENTI YANJIU

著　　者	李洪峰　等
策划编辑	李水仙
责任编辑	姜颖昳
封扉设计	大鹏设计
责任印制	李志鹏

出版发行	中国传媒大学出版社		
社　　址	北京市朝阳区定福庄东街 1 号	邮　编	100024
电　　话	86-10-65450528　65450532	传　真	65779405
网　　址	http://cucp.cuc.edu.cn		
经　　销	全国新华书店		
印　　刷	北京玺诚印务有限公司		
开　　本	710mm×1000mm　1/16		
印　　张	12		
字　　数	170 千字		
版　　次	2020 年 9 月第 1 版		
印　　次	2020 年 9 月第 1 次印刷		
书　　号	ISBN 978-7-5657-2771-9/D · 2771	定　价	58.00 元

本社法律顾问：北京李伟斌律师事务所　郭建平
版权所有　　翻印必究　　印装错误　　负责调换